Alexis Martin

Mes Promenades

Versailles

et dans ses environs

MES PROMENADES

A VERSAILLES

ET DANS SES ENVIRONS

LES ÉTAPES D'UN TOURISTE EN FRANCE

MES PROMENADES

A VERSAILLES

ET DANS SES ENVIRONS

PAR

ALEXIS MARTIN

Avec 31 gravures et 2 cartes coloriées.

PARIS

A. HENNUYER, IMPRIMEUR-ÉDITEUR

47, RUE LAFFITTE, 47

1896

INTRODUCTION

Parmi les villes que le touriste explorant la France ne manque jamais de visiter, Versailles occupe un des premiers rangs ; quant aux Parisiens, bien qu'ils soient généralement assez dédaigneux de la splendide campagne qui avoisine leur capitale, il en est bien peu qui, au moins une fois, ne se soient rendus dans la cité du grand roi.

Aller à Versailles, c'est faire un retour vers le glorieux passé de la France ; parcourir cette ville, si calme aujourd'hui, c'est explorer un lieu singulièrement animé jadis, et sur lequel l'Europe eut pendant cent ans les yeux fixés ; là on sent revivre le siècle magnifique et brillant de Louis XIV, on se promène où passèrent une armée de héros et une pléiade d'hommes de génie ; puis la cour de Louis XV nous apparaît, faisant succéder la dissipation au travail, l'abandon et la coquetterie à la grandeur et à la solennité ; enfin on revoit le règne de Louis XVI, frivole à son début, mais interrompu soudain par l'apparition d'une assemblée nationale revendiquant les droits du peuple, élaborant une constitution, fondant un monde nouveau. Visiter Versailles, c'est aussi, hélas ! se transporter sur le théâtre où se sont passés quelques-uns des plus douloureux épisodes de la guerre franco-allemande.

Un poète oublié, Gustave Drouineau, a écrit sur Paris des vers dont nous nous sommes plus d'une fois souvenu en parcourant Versailles :

> On foule avec respect ton pavé frémissant ;
> On y sent palpiter l'histoire.

Mais si Versailles est le but de l'excursion que nous entreprenons, il n'est pas inutile de le faire remarquer, la route qui nous conduira à ses portes et les pointes que nous pousserons dans ses environs offriront, elles aussi, de puissants attraits à la curiosité de l'historien, de l'artiste ou de l'archéologue, en même temps que des charmes divers et toujours renouvelés au simple promeneur.

Jetons donc un coup d'œil général sur la contrée que nous allons parcourir.

Entièrement comprise maintenant dans le département de Seine-et-Oise, elle a fait partie de la Sénonie ou 4ᵉ Lyonnaise et plus tard de la province de l'Ile-de-France.

Où nous allons trouver de riches cités, de souriants villages, de pittoresques hameaux, de larges routes blanches sous le soleil, des sentiers doux aux pas traversant des plaines cultivées, on ne vit longtemps que les groupes forestiers, épais, sauvages, impénétrables parfois, dangereux souvent, des forêts de Rouvrai et des Yvelines, dont les restes les plus importants sont les fourrés de Meudon et de Marly.

Sous les ombrages de ces bois, les druides ont accompli leurs mystérieuses cérémonies et coupé le gui sacré. Quant aux habitants, Parisii et Senonais, ils se sont bravement joints aux Arvernes de Vercingétorix pour combattre l'invasion romaine, et 52 ans avant Jésus-Christ, leur sang a coulé, abondant et généreux, pour la défense du sol envahi.

Sous Clovis, l'Ile-de-France devint une des principales provinces du royaume. Le christianisme avait alors planté sa croix dans la Gaule affranchie de la domination romaine ; la ferveur était ardente et pendant les premiers siècles de la monarchie, abbayes, monastères, ermitages se créaient de tous côtés. Nogent, un bourg de pêcheurs, obscur et inconnu, placé sur le bord de la Seine, devenait célèbre grâce à la retraite qu'y vint chercher Clodoald, fils de Clodomir. Nogent est aujourd'hui Saint-Cloud.

Tant que régnèrent les Mérovingiens, l'Ile-de-France, en partie propriété de l'abbaye de Saint-Germain des Prés, fut souvent le théâtre des combats que se livraient les princes rivaux. Néanmoins, malgré les ravages et les ruines produits par la guerre, la population de la contrée s'augmenta sensiblement ; plusieurs groupements formèrent des bourgs qui maintenant sont des villes et des villages tels que Sèvres, la Celle-Saint-Cloud, Jouy-en-Josas, Marly, Rocquencourt, Meudon, Mareil-Marly, Rueil, etc.

Les couvents, nous l'avons dit, possédaient une grande partie du

territoire ; jaloux de leurs prérogatives, désireux aussi de contreba-
lancer le pouvoir des seigneurs par une popularité assise sur des
bienfaits, ils protégeaient efficacement les ouvriers des villes et les
laboureurs contre les exigences et la tyrannie des leudes ; leurs domaines
étaient respectés et les pauvres gens y trouvaient une sorte d'asile où
ils pouvaient vivre en paix du produit de leur travail, sans redouter
qu'on le leur enlevât pour alimenter des guerres dont ils ne s'expli-
quaient pas la raison et ne comprenaient point le but.

Il en fut ainsi jusqu'à l'avènement de Charlemagne, et sous son règne
la paix n'étant pas troublée, l'Ile-de-France put croire qu'une ère de
prospérité commençait pour elle ; malheureusement, à la mort du grand
empereur, la contrée échut à Charles le Chauve, et les invasions normandes vinrent renouveler les désastres que les guerres intestines
avaient causés jadis.

En 877, par le capitulaire de Quierzy, Charles le Chauve autorisa la
transmission des bénéfices des mains de leurs possesseurs en celles de
leurs héritiers. Cette mesure fondait cette féodalité qui, cent ans
après, était devenue assez puissante pour renverser les Carlovingiens.
Comtes et officiers royaux s'empressèrent de convertir leurs charges
en fiefs et propriétés ; ce mouvement fut général, mais nulle part dans
le royaume il ne s'accomplit d'une façon aussi rapide et ne fut plus
complet que dans l'Ile-de-France.

La royauté dut bientôt songer à anéantir la puissance qu'elle avait
créée et qui ne craignait pas d'entrer en lutte avec elle ; peut-être les
Capétiens eussent-ils eu le sort des Carlovingiens si le mouvement
religieux qui se produisit au onzième siècle n'eût entraîné en Palestine
les plus turbulents et les plus dangereux seigneurs du temps. Les
croisades eurent au reste un autre résultat profitable à la couronne. Les
seigneurs, à court d'argent pour ces expéditions lointaines, vendirent
aux bourgeois de leurs villes certaines franchises qu'ils ne leur eussent
jamais accordées. Les rois comprirent qu'ils affermissaient leur pouvoir
en grandissant le peuple et protégèrent l'affranchissement des communes.

La féodalité, on l'a vu plus haut, était rapidement devenue puissante
dans l'Ile-de-France ; ce fut en cette province aussi qu'elle fit le plus tôt
sa soumission complète. Tandis que sur certains points du royaume

elle lutta encore contre Louis XI et même contre Richelieu, ses démêlés avec la royauté étaient entièrement terminés ici sous le règne de Philippe-Auguste.

On le comprend, au temps dont nous parlons, le pays était hérissé de forteresses. Hervé, père de Bouchard le Barbu, chef de la maison de Montmorency, devait avoir son manoir à Marly dès le dixième siècle; les seigneurs de Montlhéry avaient fait construire le leur à Chateaufort. La Celle-Saint-Cloud était entourée de murailles, Meudon et Bailly avaient leurs châteaux, Bougival faillit avoir le sien sur la chaussée Charlevanne.

Quant aux fondations pieuses, nous ne tenterons pas de les dénombrer. En ce temps, plus ou moins dévotieusement, on priait partout. Point de source dans un bois qui n'eût au-dessus d'elle sa grossière image de la vierge entourée d'*ex-voto* naïfs; point de bourg ou de village où l'on ne pût trouver oratoire, chapelle ou église, point de château qui n'eût un chapelain ne pouvant qu'absoudre son seigneur de quelque meurtre ou de quelque dol dont l'auteur avait grande repentance, tout en étant incapable de ne point retomber le lendemain dans le même péché.

Parmi toutes ces fondations, il en est une qui mérite d'être signalée, non qu'elle fût originairement plus importante que beaucoup d'autres monastères, mais parce qu'elle devait un jour acquérir une réputation européenne, émotionner le monde chrétien du bruit des querelles nées dans l'ombre de son cloître, lutter courageusement pour ce qu'elle croyait être la vérité, et vaincue, ruinée, laisser encore après elle une sorte de rayonnement, et dans l'histoire de la contrée un souvenir qui n'est point complètement effacé.

A ceci, nos lecteurs ont reconnu l'abbaye de Port-Royal; elle fut fondée en 1204 par Mathilde de Garlande, dans un lieu alors absolument sauvage, bien fait pour le recueillement, la prière, le détachement complet des choses du monde. A l'origine, elle abrita douze religieuses, scrupuleuses observatrices de la règle de saint Benoît; ce qu'elle devint plus tard, nous le dirons quand nous visiterons le peu qui reste de cette grande institution.

Le pays jouit pendant un certain temps des douceurs de la paix. Le cultivateur vivait du produit de son champ; l'ouvrier touchait un salaire qui suffisait à ses besoins; les seigneurs, en bons termes avec les prêtres, dotaient les abbayes et bâtissaient des églises; les cités se multipliaient, s'agrandissaient, s'embellissaient; de hardis clochers, babillards aux heures de l'*Angelus*, les signalaient de loin aux voyageurs; seul le bruit des chasses poursuivant le gibier dans les halliers troublait parfois le silence de ces campagnes encore boisées.

L'invasion anglaise vint refaire ce que les Normands avaient fait jadis; la tourbe passa violente, démolissant ici, brûlant ailleurs, pillant partout; puis, en 1429, Charles VII ayant été sacré à Reims, les bandes disparurent et la population ne songea plus qu'à réparer le dommage éprouvé et à redemander aux terres fertiles une nouvelle source de prospérité.

La Réforme, qui secoua profondément le nord-ouest du département, semble avoir eu peu de retentissement dans les parages dont nous nous occupons, mais ils furent encore une fois traversés par les armées de Henri III et de Henri IV en 1589. Cette année-là, Saint-Cloud apparaît pour la première fois dans l'histoire; au moment où Meudon devient le quartier général du roi de Navarre, il devient celui du roi de France, et le théâtre du forfait de Jacques Clément.

Le seizième siècle devait être pourtant l'aurore d'une ère nouvelle pour la contrée. En ce temps-là, il existait près de la forêt des Yvelines quelques villages, vieux déjà, mais généralement inconnus : Trianon, Montreuil, Choisy-aux-Bœufs, pays d'élevage; Versailles, bourg insignifiant, attristé par la présence d'une vieille léproserie, privé d'eau et plus peuplé de moulins à vent que de plaisants logis. Un seigneur de ce fief, Martial de Loménie, avait obtenu pourtant de Charles IX la permission de créer des foires à Versailles; tenues quatre fois chaque année, elles animaient un peu le pauvre village.

Le règne de Henri IV et la sage administration de Sully furent particulièrement favorables à la contrée; l'industrieuse ardeur des habitants secondée par l'excellence du sol fit rapidement disparaître les traces des dernières convulsions guerrières, et quand, en 1624, uniquement pour satisfaire ses goûts cynégétiques et se créer un rendez-vous de chasse, Louis XIII fit construire un pavillon à Versailles, il trouva le pays calme et les habitants heureux. Huit ans plus tard, le roi devint propriétaire du fief et l'architecte Lemercier bâtit un petit château, « chétif » selon

Bassompierre, « et dont un simple gentilhomme, disait-il, ne saurait prendre vanité ».

Aucune agitation ne pouvait se produire sans que l'Ile-de-France en ressentît le contre-coup. Pendant les guerres qui troublèrent la minorité de Louis XIV, Saint-Cloud, pris par les frondeurs, repris par Condé, connut encore une fois les désastres que les Anglais, les Bourguignons, les Armagnacs, les ligueurs, les catholiques et les royalistes lui avaient autrefois causés ; mais, et cela semble être dans sa destinée, il ne tarda pas à renaître, et dès le siècle suivant, le financier Hervard y construisait ce château qui devait voir naître deux empires, mourir la vieille royauté, et disparaître aux jours les plus néfastes de nos temps modernes.

Au moment où l'on construisait le château de Saint-Cloud, la pacification était complète, les troubles apaisés, la Fronde vaincue ; Paris avait ouvert ses portes à Louis XIV, dès l'an 1653 ; en 1661, Mazarin mourait, le jeune monarque devenait véritablement roi.

Un des premiers actes de cette autorité, qu'il devait exercer pendant plus d'un demi-siècle encore, fut la création de Versailles.

L'œuvre s'accomplit presque féeriquement. Tandis que Le Nôtre dessinait le parc, tandis que Le Vau d'abord, Mansart ensuite, transformaient en un palais magnifique le modeste rendez-vous de chasse de Louis XIII, les vieilles habitations du village disparaissaient tour à tour ; de larges avenues s'ouvraient et se bordaient de somptueux hôtels ; des rues droites se traçaient entre des rangées de constructions uniformes et de grand caractère ; les Conti, les Noailles, les Saint-Simon, les Condé, cent autres venaient habiter Versailles, qui, à partir de 1682, fut la résidence officielle de la cour.

Si nous voulions rappeler, même succinctement, les réceptions, les cérémonies, les solennités, les fêtes dont, à partir de ce moment, le palais fut le théâtre et la ville le témoin, nous serions obligés d'écrire l'histoire de trois règnes ; nous nous bornerons à suivre ici, dans sa rapide évolution, le développement physique et moral dont la création de Versailles fut le signal pour la partie de l'Ile-de-France à laquelle nous consacrons ces études.

Autour de ce foyer dont la résidence royale était le centre, courtisans et grands seigneurs ne tardèrent pas à avoir leurs demeures. Michel

Chamillard, ministre du roi, devenu propriétaire des terres de Marnes, faisait bâtir les châteaux de l'Étang-la-Ville et de la Marche; Louvois, seigneur de Meudon, séjour plein du souvenir des Guises, bâtissait une église à Vélizy et un château à Chaville; le père La Chaize, confesseur du roi, habitait le manoir de Beauregard; une fille de Mme de Montespan était élevée à Bougival, dans une résidence dont un pavillon existe encore; d'aristocratiques séjours s'élevaient à Fourqueux et à la Jonchère; à Meudon, le grand Dauphin, succédant à Louvois, amenait Le Nôtre, Vauban, Coypel, Audran, toute une pléiade d'artistes, faisait rajeunir l'antique œuvre de Philibert Delorme et, jusqu'en 1711, vivait tranquille au milieu d'une société de savants.

Pendant ce temps, l'initiative royale ne se ralentissait pas. En 1676, Louis XIV achetait Marly et y faisait construire le château qu'il habita fréquemment pendant les vingt dernières années de sa vie. En 1682, Rennequin Sualem, obscur ouvrier obéissant à une inspiration géniale, construisait la machine élévatoire qui, de la Seine, amenait l'eau à Versailles; en même temps, les aqueducs de Buc et de Marly dressaient dans l'air leurs longues suites d'imposantes arcades. En 1686, enfin, en exécution d'un projet depuis longtemps caressé par Mme de Maintenon, l'institution qu'elle avait fondée à Montmorency, puis transférée à Rueil et en dernier lieu à Noisy-le-Roi, prenait solennellement possession du nouvel édifice que Mansart avait édifié pour elle à Saint-Cyr, et recevait alors la forme qu'elle devait conserver jusqu'à sa disparition.

Après la mort de Louis XIV, Mme de Maintenon se retira à Saint-Cyr et y finit ses jours en 1719. Ceci nous amène au temps de Louis XV.

Sous Louis XV, *bien-aimé* au début de son règne, méprisé dans sa vieillesse, les mœurs changent du tout au tout; à la froideur un peu guindée mais majestueuse du grand siècle a succédé une afféterie coquette et souriante. Le Brun, Mignard, ne sont plus; Watteau et Boucher deviennent les rois de la palette; Corneille et Racine sont oubliés pour Dorat et les faiseurs de petits vers. « Après moi la fin du monde, » a dit le roi, et la haute société semble avoir pris ces paroles pour un mot d'ordre; elle sent que le sol tremble sous ses pas, que tout se désagrège et se désorganise autour d'elle; impuissante à conjurer le péril, elle le regarde avec insouciance et se fait gracieuse pour mourir.

Tout ce qui se crée alors est différent de ce qui s'édifiait jadis. Louis XIV avait bâti Versailles, Marly, les aqueducs; Louis XV construit le château de Bellevue pour la marquise de Pompadour, Louveciennes pour la comtesse du Barry, le Petit Trianon pour ses plaisirs personnels. Mansart avait travaillé pour Louis XIV; Louis XV a L'Assurance, Gabriel et Ledoux pour architectes.

Cette époque fut celle de la coquetterie et de la fragilité rehaussées par la grâce; il fallait alors que tout fût joli, même ce qui semblait destiné à une éphémère durée. Aussi ne serons-nous pas surpris de voir, en 1756, s'établir à Sèvres cette manufacture royale de porcelaine qui devait créer un centre de production inimitable et devenir une de nos gloires nationales.

Ici, le dix-huitième siècle est l'égal du dix-septième. Orry de Fulvy fit pour notre industrie artistique, en créant Sèvres, une œuvre aussi méritoire que Colbert en fondant les Gobelins.

« Le roi est mort, vive le roi ! » Ce cri, qui avait retenti dans les galeries du palais de Versailles le 1ᵉʳ septembre 1715, quand s'éteignit Louis XIV, y fut répété le 10 mai 1774 à deux heures de l'après-midi, quand l'agonie de Louis XV eut pris fin.

On sait combien ce prince, qui avait régné pendant près de soixante années, laissa peu de regrets.

La cour et Louis XVI, âgé de vingt ans alors, continuèrent à habiter Versailles. Les débuts de ce règne qui devait si tragiquement finir furent assez heureux. Personnellement mal préparé au rôle qu'il avait à jouer, timide, irrésolu, plus propre aux travaux manuels qu'habile aux combinaisons politiques, le jeune roi eut le bon sens de laisser la direction des affaires entre les mains du comte de Maurepas; celui-ci s'entoura de ministres intègres et capables comme Turgot et Malhesherbes et, dans le cabinet de Versailles, furent résolues diverses réformes qui firent bien augurer du nouveau règne. Le don de joyeux avènement fut abandonné, on rappela les Parlements exilés par Maupeou, on abolit la corvée, le servage et la torture, enfin, un jour, en 1776, vint à Versailles, grave, sévère, dans son vêtement brun, ses longs cheveux tombant sur sa nuque, son bâton de pommier à la main, le docteur Franklin, l'envoyé du nouveau monde vers le monde ancien; et un mouvement d'orgueil passa dans l'âme de notre vieille France généreuse et chevaleresque quand on apprit que le roi avait bien accueilli l'ambassadeur de la jeune Amérique.

Auprès du roi qui tourne ou fait de la serrurerie dans ses heures de loisir, nous voyons la reine Marie-Antoinette, jeune, insouciante, coquette. Elle fait des petits fromages dans sa laiterie, joue à la villageoise avec ses beaux-frères au hameau du Petit Trianon. Bientôt Versailles ne suffit plus aux instincts dominateurs qu'elle cache sous sa frivole apparence; il lui faut son palais à elle, sa ville où les ordres seront rendus « de par la reine »; elle achète alors Saint-Cloud, fait modifier la décoration du château, crée un parc réservé, construit des pavillons, donne des fêtes qui attirent les Parisiens et se montre généreuse pour le village, bienfaisante pour ses habitants.

Tandis que l'horizon politique s'assombrissait de jour en jour, tandis que les embarras financiers augmentaient d'heure en heure, les deuils intimes venaient frapper les royaux époux; en 1787, ils perdaient une fille; le 4 juin 1789, seize jours avant la fameuse séance du jeu de paume, le dauphin Louis-Joseph-Xavier-François, pauvre enfant rachitique, difforme, bon et intelligent pourtant, mourait à l'âge de sept ans au château de Meudon.

A partir de cette journée du 20 juin, les événements se précipitent; moins d'un mois après on apprend à Versailles la prise de la Bastille; c'est un premier ébranlement de la vieille monarchie. Le 4 août, l'Assemblée promulgue la Déclaration des droits de l'homme; c'est l'entrée en scène d'un monde nouveau. A ces avertissements répétés, la cour répond par le *veto* et organise des banquets où la noire cocarde autrichienne est arborée et la cocarde tricolore foulée aux pieds. Au lendemain du dernier de ces banquets, le 5 octobre, le peuple affamé de la capitale, femmes en tête, roule comme un torrent sur Versailles, force les grilles du palais de Louis XIV, et entraîne à Paris Louis XVI et sa famille. L'agonie d'une royauté de treize siècles commence, elle en ressent les premières affres en ce lieu où elle vécut ses plus glorieux jours.

Abstraction faite de tout ce qui était fournisseur ou serviteur du château, la population de Versailles, témoin du faste et des fautes de la cour, était au début de la crise la plus révolutionnaire de France; aussi s'associa-t-elle avec ardeur au mouvement libéral, et tous les événements du temps eurent-ils leur écho dans la cité jadis royale.

Néanmoins la Révolution s'occupa peu de Versailles. La ville ne revit un de ces splendides cortèges, qui autrefois ébranlaient journellement son pavé, que lorsque le pape Pie VII, venant à Paris pour sacrer Napoléon Ier, s'arrêta au palais.

L'église Notre-Dame était trop exiguë pour le pontife, accoutumé aux splendeurs de Saint-Pierre de Rome ; il officia au château et, du balcon de la grande galerie, vêtu de son imposant costume et coiffé de la tiare, il bénit la population. A quatre heures, il quitta la ville dans un carrosse attelé de huit chevaux, suivi d'une escorte de cuirassiers et de dragons, et le préfet de Seine-et-Oise l'accompagna jusqu'à Sèvres.

L'Empire, il ne faut pas oublier de le constater, était né dans la région que nous allons parcourir ; au palais de Saint-Cloud s'était accompli le coup d'État du 18 brumaire, au même lieu la dignité impériale avait été offerte à Napoléon le 18 mai 1804.

De Versailles, Napoléon n'aima que le Grand Trianon où il avait réuni une bibliothèque que les Prussiens saccagèrent en 1815 ; mais si la ville et ses environs furent douloureusement éprouvés aux heures de l'envahissement, ils ont conservé du règne de Napoléon quelques souvenirs moins amers. C'est sous le Premier Empire que Saint-Cloud, où séjourna fréquemment la cour, devint définitivement la promenade favorite des Parisiens. A côté, à la Malmaison, Joséphine de Beauharnais tint la cour brillante du Premier Consul, se retira après le divorce et mourut au mois de mai 1814. Rueil se souvient d'avoir abrité Masséna, Meudon d'avoir reçu Marie-Louise et son fils fuyant devant l'invasion, Rocquencourt n'a pas oublié qu'il fut témoin de la dernière victoire — inutile, hélas ! — remportée par le maréchal Excelmans sur les Prussiens. Enfin, car il faut nous borner, c'est sous le Premier Empire encore, que l'ancienne institution de Mme de Maintenon devint cette glorieuse pépinière de jeunes officiers connue maintenant dans le monde entier sous le nom d'École de Saint-Cyr.

La Restauration, qui gardait rancune à Versailles des journées du 20 juin et du 5 octobre, s'occupa peu de la ville ; à son actif nous ne trouverions rien dans les pays dont nous nous occupons, si l'année 1827 n'avait vu ouvrir l'École de Grignon. Sous Louis-Philippe, Versailles fut reliée à la capitale par les voies ferrées ; grâce à elles et aussi à la création du musée historique, aux fêtes données à l'occasion du mariage du duc d'Orléans, aux inaugurations des statues de Hoche et de l'abbé de l'Épée, les Parisiens qui allaient lentement à Versailles en coucou, pour leurs affaires, prirent l'habitude de s'y rendre vite en wagon, et pour leur plaisir.

Versailles et tout le territoire que nous allons explorer eurent encore leurs beaux jours sous le Second Empire ; le chef-lieu de Seine-et-Oise vit des fêtes dont nous rappellerons le souvenir en parcourant la ville. Saint-Cloud, où Napoléon III fut proclamé empereur, devint une des demeures favorites de la cour ; Meudon fut habité par le prince Napoléon et vit fabriquer ces mitrailleuses qui, en 1870, trompèrent si complètement nos espérances. Enfin, au cours de cette terrible année dont la mémoire pèse encore sur tous les cœurs français, cette région, voisine de la capitale, connut toutes les horreurs de l'invasion et en subit tous les désastres.

Calvaire de la patrie, ce petit coin de terre a ses stations comme un Golgotha. A tout instant sur notre route, à défaut des ruines, disparues pour la plupart, nous rencontrerons des monuments élevés aux héros morts pour la défense nationale ; ces monuments, nous les saluerons au passage, nous rappellerons l'épisode douloureux ou héroïque dont ils perpétuent la mémoire ; nous reconnaîtrons qu'ils témoignent que les Parisiens du dix-neuvième siècle se sont montrés les dignes descendants des *Parisii* de l'an 52. Ici il serait hors de propos de s'étendre sur ces souvenirs : *Sunt lacrymæ rerum.*

Constatons-le toutefois, la population de Versailles fut, au milieu de ces dures épreuves, admirable de courage, d'abnégation et de patriotisme.

Le maire, M. Rameau, trois conseillers municipaux, MM. Barué-Perrault, Mainguet et Edouard Lefebvre, furent emprisonnés vers la fin de l'occupation pour avoir refusé de payer une dernière indemnité abusivement exigée. Solidaire de ses édiles, le commerce de Versailles réunit la somme demandée et les délivra.

Après la guerre, on sait à la suite de quel événement parisien Versailles redevint le siège du gouvernement. Là, pendant neuf années eurent lieu les réunions des Chambres ; là, furent tour à tour nommés à la première magistrature du pays : Thiers en 1871, le maréchal de Mac-Mahon en 1873, Jules Grévy en 1879 et 1885, Carnot, le 5 décembre 1887, M. Casimir-Périer, le 28 juin 1894, M. Félix Faure, le 17 janvier 1895. C'est à Versailles encore que le Congrès se réunira quand les pouvoirs du Président de la République seront expirés.

On le voit, et ceux qui nous suivront tout à l'heure le reconnaîtront, la ville de Louis XIV n'a pas abdiqué ; la richesse de ses annales n'enlève rien à l'intérêt actuel qu'elle inspire, nulle autre cité n'est plus digne d'être visitée, nulle autre ne saurait être le but d'une plus curieuse excursion, ni le point de départ de promenades plus instructives, plus agréables, plus fécondes en attraits et en surprises.

PROMENADES ET EXCURSIONS

AUTOUR DE SAINT-CLOUD

DE SÈVRES A VERSAILLES — DE VERSAILLES A BOUGIVAL

AUTOUR DE VERSAILLES

AUTOUR DE SAINT-CLOUD

ITINÉRAIRE

Saint-Cloud : le pont, deux vieilles légendes, le château, les ruines de la ville en 1871, la place d'Armes, l'église, l'ancienne église collégiale, la mairie, l'hospice communal, les ruines de l'ancienne gare, parc de Montretout, cimetière de Saint-Cloud, asile de la vieillesse, École normale supérieure d'instituteurs, parc de Saint-Cloud, école de dressage, ruines du château, la fête de Saint-Cloud ; **Ville-d'Avray :** la fontaine du roi, mairie, crèche Halphen, château, les Parisiens à Ville-d'Avray, église Saint-Nicolas, les étangs, le monument de Corot, bois des Fausses-Reposes ; **Marnes-la-Coquette :** église ; **la Marche :** champ de courses, château ; **Vaucresson :** église, hospice de la Reconnaissance, bois de Vaucresson et de Saint-Cucufa, étang de Saint-Cucufa ; **la Celle-Saint-Cloud :** les Bruyères, château de Beauregard, vallon des Châtaigniers ; **la Jonchère :** château, le Vert-Bois ; **Rueil :** la Malmaison, le Bois-Préau, les Œillets, le château de Rueil, église Saint-Pierre-Saint-Paul, hôtel de ville, école de sourds-muets, casino, château de Buzenval, monument commémoratif de la bataille du 19 janvier 1871, la bataille de Buzenval, une briqueterie ; **Garches :** l'église, le parc de Villeneuve-l'Étang, le château.

PREMIÈRE EXCURSION

Saint-Cloud, la ville, le parc ; Montretout.

Pour le Parisien ainsi que pour le touriste, il est des noms prestigieux, des attirances irrésistibles. Quel citadin n'a fait souvent, soit par terre, soit par eau — les deux routes sont également charmantes — le voyage de Saint-Cloud ; quel étranger a pu se décider à quitter la capitale sans rendre au moins une fois visite au joli village ?

Au temps ancien, quand on usait des coucous et des tapissières, Saint-Cloud était déjà la promenade favorite des gens que le dimanche faisait libres. C'était alors, par le bord de l'eau, par le bois, par Boulogne, au milieu d'une foule pressée de piétons joyeux, un interminable défilé de véhicules bondés de familles emportant leurs paniers pleins de victuailles destinées aux repas sur l'herbe.

Aujourd'hui, l'affluence des promeneurs n'est pas moins grande ; mais le chemin de fer, les tramways, les bateaux, ont rendu l'excursion plus commode, plus rapide, mais aussi moins pittoresque.

Nous sommes-nous servi d'un de ces moyens de locomotion, avons-nous fait la route à pied ? Qu'importe ! Nous sommes arrivé au pont, et le village, couronné par de hautes futaies, s'étend gracieusement au bord du fleuve, étageant sur le coteau ses blanches façades, ses mille fenêtres ouvertes à l'air frais du matin, ses toits rouges et gris et la flèche élancée de son église. A mesure que nous avançons, le paysage se développe, et quand nous sommes arrivé à l'extrémité du pont, nous voyons, à gauche, au-dessus de la voie ferrée qui longe la Seine, derrière le froid rectangle

LA SEINE A SAINT-CLOUD.

DESSIN DE A. DEROY.

d'une caserne, le moutonnement des verdures variées du parc; au loin, les bois de Meudon couvrent la colline de leur masse sombre égayée par les pignons blancs de quelques villas, au milieu desquelles on distingue facilement le coquet château de Brimborion; à droite, Suresnes, ses maisons, ses champs, ses vignes, dévalent au pied du mont Valérien; au premier plan de ce ravissant tableau, la Seine, large, limpide, sillonnée de bateaux, coule entre de gaies et verdoyantes rives.

Ceux qui n'ont pas encore vu ce joli site le contempleront longtemps; ceux qui le connaissent le reverront avec un plaisir toujours nouveau; tous stationneront ici, la chose est certaine, et nous profiterons de ce moment d'arrêt pour leur raconter l'histoire du pays, où nous entrerons dans quelques instants.

Bien que ses origines soient assez obscures, il est certain que Saint-Cloud est une fort vieille localité. Au sixième siècle, le lieu était connu déjà sous le nom de Nogent (*Nogiventum*). Selon certains chroniqueurs, on rencontrait là un monastère dédié à saint Martin, que des moines, défrichant quelques arpents de la forêt de Rouvray, avaient établi à l'ombre et dans la solitude profonde de ses fourrés; selon d'autres, on y voyait seulement le fort modeste ermitage d'un solitaire nommé Séverin, que sa piété avait mis en grande réputation. L'accord se fait à peu près quand il s'agit du patron du lieu, et soit au monastère, soit auprès de l'ermite, la retraite de Clodoald, fils de Clodomir, roi d'Orléans, dans les bois de Nogent, demeure un fait acquis.

On sait que ce jeune homme quitta le monde et renonça à ses droits princiers à la suite du massacre de ses deux frères, qu'il mourut à Nogent vers 560; mais les détails précis manquent absolument sur sa vie. Il passe pourtant pour avoir fait bâtir la première église du village; il est certain que son tombeau fut longtemps le but de pèlerinages très suivis et que la croyance populaire attribua de nombreux miracles à l'intercession du pieux ermite; aussi, le nom primitif du lieu fut-il bientôt oublié pour celui de Saint-Clodoald, dont le temps a fait Saint-Cloud.

Bien qu'ayant renoncé aux grandeurs de ce monde, Clodoald avait dû posséder une fortune importante pour le temps, car, à sa mort, il légua les terres de Nogent aux évêques de Paris. Ceux-ci les conservèrent jusqu'à la Révolution, et au dix-septième siècle nous voyons le domaine érigé en duché-pairie en faveur de Mgr de Harlay, alors archevêque.

Le pont que nous venons de traverser est, lui aussi, un des plus anciens qui aient été jetés sur la Seine. Dès le neuvième siècle, alors que Saint-Cloud n'était habité que par de pauvres pêcheurs, un ouvrage en bois, fort rudimentaire sans doute, traversait déjà le fleuve. Sous Philippe de Valois, sa population s'étant considérablement augmentée, le village s'entoura de murailles; un nouveau pont, en bois encore, fut construit; mais une tour en pierre, flanquée de quatre échauguettes, s'éleva au milieu et en défendit les abords. Précaution utile, car elles sont nombreuses les attaques que le vieux pont a subies : Armagnacs, Bourguignons, Anglais, ligueurs, frondeurs, se sont tour à tour disputé cette situation stratégique importante. Dès 1556, Henri II avait fait reconstruire l'ouvrage en pierre; la rapidité avec laquelle cette réédification fut menée donna naissance à la première des légendes que le pont de Saint-Cloud devait faire naître.

Satan en personne, disait-on, avait offert à l'architecte l'aide surnaturelle de ses démons les plus actifs, à la condition que l'âme de la première personne qui passerait sur le pont lui appartiendrait. Tout en profitant de l'offre du diable, tout en laissant travailler nuitamment ces singuliers auxiliaires, « dont on entendait dans l'air le bruit des ailes », le constructeur implorait saint Cloud pour réussir à tromper son collaborateur. Le saint secourut l'architecte; quand l'œuvre fut achevée, le diable, aux aguets de sa proie, n'eut à saisir qu'un chat errant poussé là par la céleste influence.

Le conte ne manque pas de saveur; mais, pour qui sait lire entre les lignes, n'est-il pas tout simplement la preuve que, chose rare à l'époque, la nuit n'interrompait point le travail des constructeurs ?

Une autre légende à laquelle le pont a donné naissance est celle de ces fameux *filets de Saint-Cloud* destinés à recueillir toutes les épaves que le fleuve emporte, et dans lesquels, au dire de miss Trollope, « huit, dix ou douze corps de noyés viennent journellement échouer » (1). Ici l'exagération saute aux yeux; mais quelques érudits pourraient, en faveur de la croyance populaire, invoquer contre nous des témoignages en apparence plus probants. Mercier dans son *Tableau de Paris,* Dulaure dans son *Histoire des environs de Paris,* Néel dans son amusant *Voyage de Paris à Saint-Cloud,* d'autres encore, nous ne l'ignorons point, affirment d'une façon plus ou moins catégorique l'existence des filets de Saint-Cloud. Que prouve tout cela ? Rien, si ce n'est que les auteurs n'ont pris ni la peine de vérifier le fait qu'ils avançaient, ni le temps de réfléchir à son impossibilité matérielle.

Placez en effet un immense filet dans toute la largeur du fleuve; s'il est à fleur d'eau, il entravera la navigation; s'il est au fond, les épaves passeront au-dessus de lui et ne seront point recueillies.

En 1842, on représenta au théâtre de la Gaîté un drame intitulé *les Filets de Saint-Cloud.* Les auteurs ne manquèrent pas d'installer dans le décor du cinquième acte, au bas du pont, *la cabane du gardien des filets.* Les filets et la cabane excitèrent la verve des feuilletonnistes; Eugène Briffault dans *le Temps,* Jules Janin dans *les Débats,* nièrent à qui mieux mieux l'existence des uns et de l'autre. Dès 1832, dans le *Livre des cent et un,* Léon Gozlan avait prouvé l'absurdité de cette invention; Touchard-Lafosse, en 1855, dans les *Environs de Paris par l'élite de la littérature contemporaine,* relègue aussi les filets de Saint-Cloud au rang des fables ; enfin Firmin Maillard, dans un curieux petit livre paru en 1860: *Recherches historiques et critiques sur la Morgue,* a con-

(1) Miss Trollope, *Paris et les Parisiens en* 1835.

sacré un appendice au sujet qui nous occupe. Il a pris soin,
lui, de remonter aux sources. Il a pu prouver qu'administrativement les filets de Saint-Cloud n'ont jamais existé; les
archives de la préfecture de police, aussi bien que celles de
la mairie de Saint-Cloud, sont muettes à leur endroit, et notre
auteur ajoute: « Maintenant, il y a en effet des filets *(guideaux
ou dideaux)* attachés au pont de Saint-Cloud ; ces filets appartiennent à des pêcheurs qui ont obtenu l'autorisation de
garnir le pont à l'exception de l'arche marinière ; il est donc
tout naturel que ce que la rivière charrie vienne s'y arrêter
et on a pu quelquefois y trouver des cadavres. » Puis, rappelant les assertions de miss Trollope, il affirme qu'en réalité
les filets de Saint-Cloud n'envoient pas à la Morgue un cadavre par année. Le pont actuel a été construit en 1802;
coupé le 17 septembre 1870, il a été réparé depuis. Quant
aux guideaux qui ont donné naissance à cette légende, nous
en trouverons de semblables attachés aux arches du pont
de Meulan.

Cette digression nous a éloigné un instant de l'histoire
du pays, nous allons la compléter en quelques lignes.

Nous l'avons dit, Saint-Cloud eut en tout temps beaucoup
à souffrir des guerres ; il fut une première fois complètement
dévasté par les Anglais en 1356, après la bataille de Poitiers.
Mais il semble qu'il soit en son essence de se relever promptement de ses ruines, et dès la fin du quatorzième siècle il
avait déjà repris sa physionomie prospère et s'était embelli
de plusieurs maisons de plaisance. Dans l'une d'elles,
Charles de Valois épousa Catherine de Courtenay, héritière
des empereurs de Constantinople; une autre appartenait à
Jean, duc de Berry; une troisième aux évêques de Paris.
C'est dans cette dernière que les dépouilles de François Ier
furent, en 1547, exposées en chapelle ardente, en attendant
leur translation à Saint-Denis.

Au seizième siècle, un bourgeois de Paris, nommé Chapelier, vendit à Catherine de Médicis une villa qu'il possédait
à Saint-Cloud, et celle-ci en fit cadeau au banquier italien
Jérôme de Gondi, en 1573. A côté de ce « logis merveil-

leux en toutes choses rares », dit André Duchesne (1), s'élevait la maison de du Tillet, greffier au Parlement; cette
dernière occupait l'emplacement actuel de la grande cascade.

Le 29 juillet 1589, les troupes coalisées de Henri III et de
Henri de Navarre s'emparèrent de Meudon et de Saint-Cloud;
le roi de France établit son quartier général dans la maison
de Gondi. Deux jours après, il y fut mortellement atteint par
le poignard de Jacques Clément. Cette maison, désormais
tristement historique, devint, sous Louis XIV, la propriété du
financier Hervard ; il la paya un million de livres et dépensa
des sommes considérables pour agrandir le parc et ajouter
de nouvelles magnificences à celles qui décoraient déjà l'intérieur. En 1658, il jugea son logis digne de recevoir les plus
illustres hôtes, et le 24 octobre de cette année, il y donna une
fête splendide à laquelle le roi, Monsieur et le cardinal
Mazarin daignèrent assister. Le château et son parc tentèrent
Sa Majesté, qui voulait faire un cadeau à son frère; moitié
par ruse, moitié par intimidation, le cardinal obtint alors
du traitant la cession de sa propriété pour 50 000 écus (2).

Devenu propriétaire du domaine, Monsieur l'augmente
dans de grandes proportions; il achète le fief de Villeneuve
et les maisons du Tillet, Duverdier et de Charost. Enfin, en
1660, l'ancienne demeure est jetée bas et le nouveau palais
s'élève; Girard et Lepautre en sont les architectes, Le Nôtre
dessine les jardins, Lepautre et Mansart construisent les
cascades. Mignard, qui venait d'achever la coupole du Val-
de-Grâce, est chargé d'une partie de la décoration intérieure ;
il peint la magnifique galerie d'Apollon et les dieux de la
fable couvrent de la représentation de leurs hauts faits les
plafonds, les voussures, les dessus de porte et tous les panneaux que n'enrichissent point des revêtements de marbre.

Le 30 juin 1670, Saint-Cloud fut attristé par la mort sou-

(1) *Antiquités et Recherches des villes de France.*

(2) Le roi fit remettre ensuite 50 000 livres à Hervard, le combla
de faveurs et l'appela au contrôle général des finances; le marché
fort onéreux d'abord devint une excellente affaire.

daine de Madame Henriette d'Angleterre qui, s'il faut en croire le récit très circonstancié de Saint-Simon, avait absorbé un poison subtil envoyé d'Italie par son ennemi juré, le chevalier de Lorraine. Le deuil occasionné par son décès interrompit les fêtes dont elle était l'âme et le charme ; mais celles-ci reprirent leur cours, plus brillantes et plus magnifiques que jamais, dès le 10 août 1672, à l'occasion du mariage de Monsieur avec la princesse Palatine.

Monsieur et sa seconde femme moururent aussi au palais de Saint-Cloud, et la duchesse douairière d'Orléans y termina ses jours en 1722. Saint-Cloud, à ce moment, était devenu fort à la mode. Gens de qualité, gens de lettres et savants habitaient ses luxueuses maisons. M. de Valincourt, membre de l'Académie des sciences, y avait réuni une bibliothèque de sept mille volumes, qu'un incendie consuma tout entière au mois de janvier 1725.

Le régent délaissa Saint-Cloud pour le Palais-Royal ; il y reçut pourtant, en 1717, la visite du czar Pierre Ier. Son fils, très dévot, ennemi des divertissements bruyants, n'y fit que de rares apparitions ; son petit-fils, plus mondain, donna dans le parc des réjouissances où le peuple de Paris était conduit en bateaux frétés par le prince, et où tous les goûts de la foule étaient habilement flattés ; les joutes sur l'eau, les mascarades, les représentations dramatiques, le jeu des cascades, les illuminations et les bals se succédaient sans interruption pendant tout le cours de la journée. Une de ces fêtes, celle du 22 septembre 1752, est restée célèbre par son extraordinaire magnificence ; elle était donnée à l'occasion de l'entrée en convalescence du dauphin.

Le duc d'Orléans ayant épousé secrètement la marquise de Montesson, celle-ci manifesta le désir d'habiter une demeure moins somptueuse et engagea son mari à vendre Saint-Cloud.

Marie-Antoinette acheta, en 1775, la propriété pour une somme de 6 millions — nous sommes loin des 200 000 livres versées à Hervard ; elle fit du palais son habitation particulière, les gardes revêtirent sa livrée, les règlements publics furent rendus : *De par la Reine.*

Saint-Cloud a sa page dans l'histoire de l'aérostation : c'est
de son parc que le duc de Chartres et les frères Robert s'élevèrent, le 15 juillet 1784, dans une machine qu'ils espéraient
pouvoir diriger, et dont les estampes du temps nous ont
conservé la représentation exacte. La tentative n'eut qu'un
succès négatif ; les expérimentateurs furent obligés de crever
leur ballon pour redescendre à terre. Le prince, peu populaire, fut à ce propos lardé d'épigrammes.

La Révolution réserva le parc de Saint-Cloud « pour l'agré-
ment des citoyens », mais démeubla le château et le laissa
dans l'abandon. La localité prit alors le nom de Pont-la-
Montagne (1).

Saint-Cloud rentra bruyamment dans l'histoire par la
journée du 18 brumaire et, dès 1802, devint la résidence
d'été de Bonaparte. Mme de Rémusat, dans ses Mémoires, a
donné sur la cour du Premier Consul une foule de détails
intimes, fort curieux, mais qui ne sauraient trouver place ici.
Contentons-nous de rappeler quelques-uns des événements
historiques dont le palais fut le théâtre sous le premier Empire. Le 18 mai 1804, une députation du Sénat s'y rendit pour
offrir la couronne impériale au Premier Consul. En mars 1805,
on y baptisa pompeusement le fils aîné du prince Louis
et de la reine Hortense. Les parrain et marraine étaient
l'empereur et Madame mère ; le pape Pie VII officiait. Cinq
ans plus tard, on y célébrait le mariage religieux de Napoléon avec Marie-Louise ; nul ne prévoyait alors que le
palais verrait, en 1815, signer la capitulation de Paris.

Ce fut encore pour la ville une épreuve cruelle que l'invasion des alliés. Encombré par les vainqueurs, le pays n'offrait plus que l'aspect d'un camp ; le parc et le château
étaient à peu près livrés au pillage. Un soldat, raconte-
t-on, se coucha un jour tout habillé dans le lit de l'empereur, heureux d'en déchirer les draperies avec ses éperons.

(1) Cette particularité est peu connue ; nous en avons vu l'at-
testation dans des actes conservés aux archives de l'hospice. Là
sont aussi des cachets employés à cette époque et portant le nom
de *Pont-la-Montagne*.

Pour comble d'affront, les échos du parc répercutèrent encore le bruit d'une fête; celle-ci, c'était le prince de Schwarzenberg qui l'offrait aux souverains étrangers.

Louis XVIII fit disparaître les vestiges de l'occupation et vint habiter le château en 1817. Charles X demeura souvent à Saint-Cloud; c'est au palais qu'il signa, en 1830, les ordonnances dont la promulgation devait amener sa chute; c'est du palais encore qu'il partit pour l'exil, le 30 juillet, à trois heures du matin.

Louis-Philippe, à qui Saint-Cloud rappelait des souvenirs de jeunesse, habita souvent le palais et se plut à y réunir des tableaux, des marbres et des objets de curiosité.

Nous avons vu une députation du Sénat se transporter à Saint-Cloud pour solliciter Bonaparte d'accepter la dignité impériale; c'est à Saint-Cloud encore, et dans cette même galerie d'Apollon, que la couronne fut offerte à Napoléon III, le 7 novembre 1852.

Celui-ci affectionnait fort cette résidence; il était au château en 1870, lorsque la guerre fut déclarée. Il en sortit le 27 juillet pour aller prendre le commandement de l'armée du Rhin, y laissant l'impératrice qui partit précipitamment le 7 août, à la réception de la nouvelle du désastre de Woerth. Le 13 octobre suivant, un incendie allumé par les Allemands ne laissait debout que les tristes ruines que nous verrons tout à l'heure.

Il n'est pas un Parisien qui ne se souvienne quel douloureux spectacle offrait la ville de Saint-Cloud après la dernière invasion. Dès le 3 octobre, les Allemands avaient chassé les habitants et ceux-ci s'étaient réfugiés à Versailles; le 28 janvier suivant, tandis qu'on négociait l'armistice, les envahisseurs, obéissant à un ordre supérieur, mirent le feu aux maisons, bien endommagées déjà par le tir du mont Valérien, qui restaient encore debout et que leurs propriétaires se disposaient à réintégrer. Quand il fut enfin possible de se rendre à Saint-Cloud, on ne vit plus, au milieu d'un indescriptible amas de noirs décombres, que toits effondrés, pignons éventrés, poutres branlantes, déchiquetées par l'incendie; de-ci de-là, en haut des constructions, un parquet tenait encore par un miracle d'équilibre; au fond des chambres sans façades, on apercevait des meubles brisés, et quelquefois — le sort a de ces ironies — un miroir, un portrait, un vide-poches, de menus et fragiles objets intacts, accrochés à ces murs minés par le feu. Par-ci, par-là, dans les rues encombrées de détritus, quelques groupes de gens désolés, les poings crispés, les yeux rouges, la rage au cœur, cherchaient dans cette œuvre de sauvages le coin où, quelques mois auparavant, ils vivaient heureux et tranquilles.

Là comme ailleurs, le désastre, si grand qu'il soit, a été réparé en un temps relativement court, et c'est presque dans une ville neuve que nous allons enfin entrer.

Devant nous s'ouvre la place d'Armes, irrégulière de forme mais pittoresque d'aspect; à droite est l'hôtel de *la Tête noire*, qui fut, en 1870, l'une des plus horribles ruines de la ville. Auprès d'elle, blanche et coquette, la nouvelle gare du chemin de fer; au fond, nous ne savons combien de cafés et de restaurants aux terrasses pleines de consommateurs. Une grande porte ronde donne accès à la cour où remisent les tramways parisiens; une avenue montante se dirige vers la terrasse du château et domine les cours de la caserne; à son point de rencontre avec la place s'élève le Pavillon bleu, jolie salle de concert et de spectacle; auprès d'elle s'ouvre la grille du parc.

C'est par une rue montueuse, un vrai raidillon, que nous atteindrons la rue de l'Église et la petite place qui précède le monument chrétien. C'est une élégante imitation du style roman ogival qui fait le plus grand honneur à M. Delarue, l'architecte qui l'a construite en 1865. La nef principale, haute et large, est séparée des bas côtés par de forts piliers aux chapiteaux curieusement sculptés; dans l'un d'eux, vous distinguerez une figure représentant Marie-Antoinette; dans un autre vous verrez celle de Napoléon III. Autour du sanctuaire, de belles fresques de teintes douces rappellent les principaux traits de l'existence de saint Cloud: ici il bâtit l'église, là il donne ses soins aux malades, ailleurs on promène solennellement ses reliques. L'œuvre en son ensemble est intéressante, et son auteur, Duval Le Camus, a su la mettre en harmonie parfaite avec la pierre qui l'entoure. L'église s'est montrée reconnaissante envers son décorateur; un médaillon de Jacques Maillet reproduisant les traits du peintre décore le fond du chœur. Dans une chapelle, à l'entrée, occupant toute la muraille et malheureusement placée dans de mauvaises conditions d'éclairage est encore une grande composition de Durupt, un peintre qui eut son heure de célébrité vers 1830; elle représente la consécration de saint Cloud à la vie religieuse. L'œuvre est d'un bon arrangement et d'une brillante couleur; elle est datée de 1831 et fut jadis donnée à la paroisse par le roi Louis-Philippe.

Auprès d'une maison, en face de l'église, un vieil arc ogival est le seul vestige existant de l'ancienne église collégiale qui avait reçu les restes du patron de la ville. Des fouilles ont fait retrouver la crypte où ses ossements ont reposé pendant douze siècles.

La mairie, bien que sans prétentions au grand style, ne manque pas d'une réelle élégance; elle a été construite en 1873, d'après les plans de M. Bérault. Sur un palier, à l'endroit où l'escalier d'honneur se développe en double évolution, on a placé un beau buste de Sénard, ancien ministre, ancien maire de la ville; l'œuvre, remarquable par sa parfaite ressemblance, est du sculpteur Félix Martin. Sur l'un des murs du vestibule, on conserve un volet; l'objet est d'apparence banale, mais regardez-le et vous lirez sur un de ses panneaux ces mots écrits en langue teutonne : *Cette maison sera respectée jusqu'à nouvel ordre, 28 janvier 1871.* Jacobi, *major général.* C'est la preuve irréfutable que l'incendie a bien été allumé par l'ordre des autorités allemandes et non, comme on le prétend de l'autre côté du Rhin, par les obus du mont Valérien.

Saint-Cloud porte : *d'azur, semé de fleurs de lis d'or ;* ces armes sont simples mais riches. Quant à la population, elle est aisée, elle a des loisirs; aussi ne sommes-nous pas surpris d'apprendre que sa bibliothèque municipale, fondée depuis

la guerre, contient déjà trois mille cinq cents volumes et
que le service des prêts à domicile est fort actif.

Un peu au-dessus de la mairie, nous rencontrons l'hôpital-
hospice, généralement connu sous le nom d'hospice communal. Il se compose de deux pavillons : pavillon d'Orléans (1), pavillon Marie-Antoinette, et d'une chapelle que
Mique construisit en 1787. Cette chapelle, éclairée par le
haut, garde bien le cachet demi-religieux, demi-mondain
des édifices dédiés au culte pendant les dernières années du
dix-huitième siècle; elle a conservé ses tribunes ornées de
boiseries grises, et ses murs sont décorés de nombreux
tableaux, parmi lesquels il faut remarquer une bonne toile
de Dantan; c'est l'interprétation des paroles de Jésus : « Je
ferai de vous des pêcheurs d'hommes. » Un autre tableau,
un *Christ mourant*, de Simon Vouet, fut longtemps une des
curiosités de la chapelle; fort abîmé par le temps, il a été
habilement restauré en 1863, par les soins de M. Briotet; il
est placé maintenant dans le cabinet de l'économe. Aux murs
de ce cabinet, sont accrochées aussi quelques pièces de vaisselle provenant de dons faits à l'hospice par Marie-Antoinette; on conserve encore dans la maison un peu d'argen-
terie de même provenance et des archives dont nous avons
eu l'occasion de parler plus haut. L'hôpital contient soixante-
trois lits; il reçoit des personnes des deux sexes, et les sœurs
de Saint-Vincent de Paul sont chargées des soins du service.

Les écoles sont toutes voisines de l'hôpital; au bout de la
rue où elles s'élèvent, nous trouvons l'ancienne gare du
chemin de fer, dont le portique à colonnes corinthiennes est
debout encore, mais dont les toits n'existent plus. La ruine
est telle que l'a laissée l'incendie du 28 janvier 1871; une
végétation luxuriante pousse dans les salles abandonnées;
par les fenêtres dépourvues de vitres, on aperçoit une sorte

(1) Monsieur, lorsqu'il était propriétaire de Saint-Cloud, avait
donné à la ville, pour y fonder un hôpital, les terrains d'une ancienne maladrerie. C'est en souvenir de cette donation que le
pavillon porte, avec le nom d'Orléans, la date de 1689.

de forêt en miniature. La nouvelle gare ayant été reconstruite plus loin, nous ne regretterions pas de voir disparaître ce triste souvenir des plus mauvais jours du pays.

Traversons ces ruines, montons un haut étage — il faut toujours monter à Saint-Cloud — passons sous une voûte, et nous nous trouverons bientôt au seuil du joli parc de Montretout. C'est une réunion de coquettes villas enfouies dans la verdure et auxquelles on accède par de larges et belles avenues. C'est, en plus riche et plus élégant, quelque chose d'à peu près semblable au parc du Perreux, que nous avons visité lors de nos excursions dans le département de la Seine(1).

C'est là que, pendant la guerre, on avait établi une redoute qui malheureusement n'était pas reliée au mont Valérien, et d'où les Allemands, maîtres du plateau de Buzenval, ne tardèrent pas à nous déloger. C'est là qu'eut lieu en partie cette bataille du 19 janvier 1871, dernier effort de notre défense, dont nous aurons l'occasion de parler bientôt et que nous rappelle un petit monument élevé à l'angle de la rue des Tournerolles et de la route de Versailles. Cette pyramide de pierre, entourée d'une grille, disparaissant sous les couronnes, rappelle bien modestement le souvenir des héroïques combattants de Saint-Cloud, de la Malmaison et de Montretout; on l'appelle dans le pays le monument des francs-tireurs des Ternes à la branche de houx.

Ce même plateau de Montretout a vu inaugurer, le 30 mars 1893, le premier des trois bassins de 100 000 mètres cubes de contenance qui forment les réservoirs de l'Avre.

La dérivation de cette rivière, œuvre magnifique, rapidement exécutée et pour laquelle on a dépensé environ 35 millions, a été conduite par MM. Humblot, Bienvenue, Renaud, ingénieurs, et Martin-Coulomb, conducteur des ponts et chaussées.

Dans un appentis vitré, vous verrez les deux bâches où l'eau de l'Avre, après un parcours de 102 kilomètres, ar-

______

(1) *Tout autour de Paris,* sixième excursion.

rive bruyamment apportant à la consommation parisienne 110 000 mètres cubes de liquide salubre par vingt-quatre heures.

Selon les besoins du moment, l'eau, à sa réception, est recueillie dans les bassins ou projetée dans les conduites qui la mènent aux réservoirs de Passy et de Montrouge.

Les bassins sont de belles et vastes constructions souterraines, étanches, voûtées, pourvues de galeries permettant une surveillance constante; vous en voyez dans le gazon les nombreux puits d'éclairage et d'aération. Les conduites sont des tuyaux de tôle d'acier de 1^m,50 de diamètre ; elles se composent de tronçons longs de 6 mètres. Leur parfaite jonction est assurée par un joint dont l'invention est due à l'entrepreneur de cette partie du travail, M. Gibault.

Ces conduites, au sortir du réservoir, sont enfermées dans la maçonnerie d'une chaussée qui passe au-dessus de la route départementale et se termine par une passerelle d'assez pittoresque aspect; elle franchit la Seine, est accessible aux piétons et arrive au bois de Boulogne, au droit de la grille de Saint-Cloud.

Non loin de là, dans une plaine charmante que le mont Valérien domine à l'est, nous rencontrons le cimetière de Saint-Cloud. C'est un champ de repos tout illuminé des reflets blancs et violets d'une innombrable quantité de couronnes de perles, tout ombragé par le sombre feuillage des cyprès et des thuyas. Dans un espace réservé, entouré d'une grille émergeant au-dessus de gros bouquets de fusains, s'élève encore un monument commémoratif, une pyramide avec cette simple inscription : *19 janvier 1871. A la mémoire des défenseurs de la patrie*. A quelques pas de là, nous remarquons la tombe en granit de Pierre-Marie Romand, curé de Saint-Cloud, décédé en 1887; le monument est d'une bonne ordonnance architecturale et décoré d'un médaillon en bronze, d'une belle expression, signé M. Delarue.

Dans le milieu du cimetière, une concession a été accordée aux Prussiens; elle est entourée d'une grille et renferme plusieurs tombes. Comme à Champigny, ceux qui se sont combattus dorment ici presque côte à côte.

Les souvenirs de la guerre nous assaillent et, dans cette campagne si calme aujourd'hui, nous entendons malgré nous un écho des grandes et stériles luttes dont elle a été le théâtre, alors qu'on défendait Paris, dont nous apercevons au loin, à l'est, la masse magnifique. Où passe l'hirondelle au vol capricieux, nous cherchons la trace de l'obus sifflant et décrivant dans l'air sa courbe menaçante. Ce sol, où résonnent nos pas tranquilles, nous semble tout frémissant encore de l'ébranlement des longs convois d'artillerie; dans ces champs que dorent les blés mûrs, il nous semble revoir des troupes de braves agenouillés, épaulant leurs chassepots, brûlant leurs dernières cartouches et s'effarant au bruit de la retraite qui sonne.

Éloignons ces souvenirs, et sans aller jusqu'au bois voisin, sur la commune de Garches, où nous trouverions encore un petit monument élevé au souvenir de l'armée de Paris, dirigeons-nous vers le parc de Saint-Cloud.

Saluons au passage l'asile de la vieillesse, établissement qui appartient à la ville et dont la fondation est due aux libéralités de Mmes Lelegard et Albert Laval, et la construction simple, mais bien comprise, à l'architecte Herbinet. L'asile, qui reçoit trente à quarante vieillards, hommes et femmes, est très réputé pour sa belle installation. Signalons encore, à Saint-Cloud, l'existence d'une école normale supérieure primaire, qui prépare des professeurs et des directeurs d'écoles.

Nous entrons dans le parc par la porte Jaune, près de laquelle se trouvent l'école de dressage, le haras, le grand manège et la vacherie qui portent son nom. Auprès des simples constructions de l'établissement, nous apercevons de belles étables et de confortables écuries; dans les prairies voisines, des chevaux et des vaches paissent en liberté. Nous passons sous un pont que fait trembler un convoi roulant vers Marly, et nous nous trouvons dans un coin parfumé, ombreux et gazonné, que traverse malheureusement la voie montante du chemin de fer de l'Étang-la-Ville. Jetons-

LES RUINES DU CHATEAU DE SAINT-CLOUD.

DESSIN DE P. MERWART.

nous dans une route à gauche, nous rencontrerons bientôt un bassin circulaire, puis une large pelouse, dont deux grands vases sculptés, debout sur leurs piédestaux, semblent être les gardiens ; bientôt au delà du miroir que forme une vaste pièce d'eau, entourée de statues et divisée en plusieurs bassins, nous serons à l'endroit où, pendant deux siècles, on vit le château de Saint-Cloud, et, pendant vingt-trois ans, ses ruines.

Vue de loin, la ruine avait quelque apparence encore, le fronton découpait son triangle au-dessus de la ligne horizontale tracée par la corniche ; on devinait l'absence de toiture, mais cette absence ne blessait pas l'œil.

Le rond-point de la pièce d'eau franchi, quand, par une large allée de grands marronniers, ornée de jolies bordures fleuries, on s'approchait du monument, la ruine apparaissait dans toute son horreur. Les murs seuls étaient debout, mais crevés de baies effritées ; aux fenêtres, la pierre rongée laissait pendre quelques débris tordus de barres d'appui ; des balcons qui décoraient les extrémités, un seul était à peu près complet encore. Dans l'intérieur, parmi des cloisons restées intactes on ne sait par quel miracle, au milieu des planchers effondrés, on voyait des colonnes, des frontons, des dessus de porte délicatement sculptés ; jouant dans ces ruines, ces jolis groupes d'amours et de fleurs avaient un aspect presque sinistre. La façade principale du château était d'un aspect plus navrant encore, car le monument avait résisté. Certaines parties paraissaient bien conservées à côté d'autres entièrement détruites ; l'ensemble, sous la poussée de l'incendie, avait pris un air grimaçant et déséquilibré. Quelques colonnes, quelques statues, quelques groupes, les uns noircis et abîmés, les autres tels qu'ils étaient avant le sinistre, se détachaient sur la ruine. Au-dessous du fronton en partie brisé se dressaient encore, au sommet du pavillon central construit par Girard, les quatre statues de *la Force*, de *la Prudence*, de *la Richesse* et de *la Guerre* ; sur les tympans des croisées, le feu avait respecté les bas-reliefs symbolisant les mois de l'année ; au long des ailes, œuvre de Lepautre, plusieurs statues placées dans des niches entre les fenêtres étaient restées debout. Partout sur l'ensemble s'étendait cette teinte de rouille qui révèle l'incendie par le pétrole.

C'est le 13 octobre 1870 que, sans utilité, peut-être pour dissimuler le pillage auquel ils s'étaient livrés, les Allemands firent mettre le feu au château de Saint-Cloud (1).

En 1893, ces ruines ont disparu ; le sol a été nivelé, sablé, planté en jardin; on a creusé des bassins, posé des balustrades, élevé des murs de soutènement enveloppés de lierre et créé des escaliers conduisant aux parties supérieures du domaine. Tous ces travaux, exécutés avec un grand goût, ont été dirigés par M. Leclerc, architecte. L'ensemble forme une sorte de souriant vestibule au parc dans lequel nous allons rentrer.

A Saint-Cloud, nous sommes loin de la solennité que nous constaterons quand nous visiterons Versailles, mais l'ensemble est plus accidenté et plus pittoresque; ici, les grands ombrages abritent des restaurants, des tentes de débitants de gaufres, des baraques de marchands de jouets; là on peut gravir les pentes abruptes, rêver dans de grandes allées dont les vertes voûtes ne doivent rien à l'art du jardinier, on peut courir sur d'immenses tapis verts, se reposer auprès de belles pièces d'eau et, par de fréquentes échappées, apercevoir quelques points de vue magnifiques.

Il a bien souffert aussi pendant l'invasion, ce beau parc; mais la trace des dégâts matériels est effacée maintenant et seuls les artistes, en présence des piédestaux vides, regrettent, en se les rappelant, les belles statues qui ornaient jadis la promenade. Coysevox, Coustou, Susini, Bouchardon, Adam, Pradier, avaient semé là une foule de créations mythologiques du plus grand mérite artistique et du plus bel

(1) Le château avait été déménagé du 11 au 18 septembre, mais on comprend qu'il contenait encore un grand nombre d'objets d'art, statues, groupes, tableaux; tous ont été détruits ou emportés. Au palais de Saint-Cloud, les Allemands ont pris deux cent cinquante pendules!

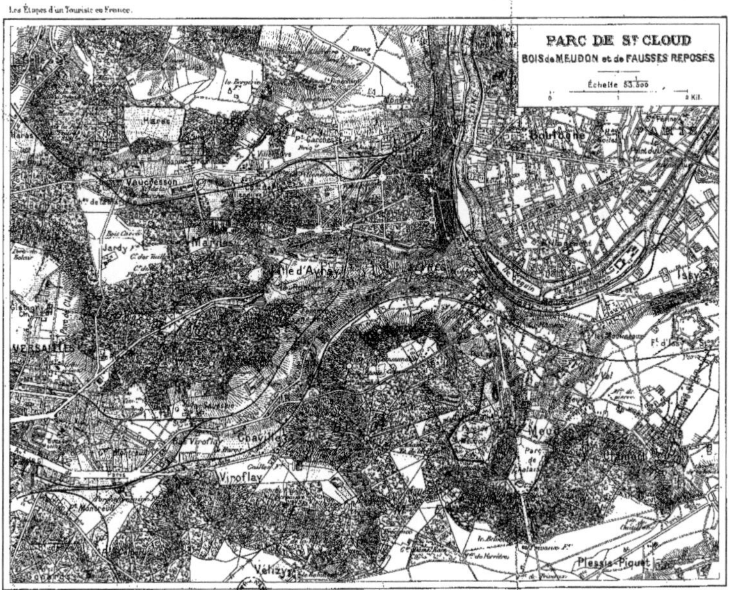

Environs de Paris.

A. HENNUYER, ÉDITEUR.

Dressé par E. Morieu

effet décoratif. Disparu aussi est ce petit monument qui,
depuis 1801, s'élevait au point culminant du parc et d'où l'on
découvrait un inoubliable panorama. Cet édicule était, en
terre cuite, l'exacte reproduction du lanternon élevé en 325
à Athènes, par Lysicrate, pour consacrer un prix obtenu aux
jeux olympiques. Il était cher aux Parisiens et connu sous le
nom de *lanterne de Démosthènes.*

Les cascades du parc.

Heureusement les cascades ont échappé à la destruction;
la haute cascade est l'œuvre de Lepautre, la basse est due
à Mansart. C'est une décoration à la fois élégante et pittoresque; la sculpture, l'architecture, l'eau et les fleurs s'asso-
cient pour produire un séduisant ensemble, et lorsque tous
les jets montent vers le ciel, quand toutes les nappes retom-
bent d'étage en étage, brillantes sous le soleil et grondant
doucement, le spectacle est vraiment original et curieux.
A quelques pas de la cascade, au milieu d'une salle de verdure,
un bassin laisse échapper de son centre le *grand jet d'eau;*

la colonne liquide s'effile à 42 mètres de hauteur avant de retomber en pluie diamantée. La force du jet, au sortir du tuyau, est suffisante, assure-t-on, pour enlever un poids de 65 kilogrammes.

Nous ne parcourerons point pas à pas les 392 hectares de terrain que couvre le parc de Saint-Cloud; il faut ici, selon nous, laisser le visiteur à sa propre inspiration. De quelque côté que le conduise, au reste, le hasard de sa promenade, il est certain de ne pas regretter le temps qu'il lui aura consacré. Hautes futaies, jeunes bois, pelouses fleuries, allées sinueuses profondément encaissées dans le roc, il rencontrera tout cela successivement. Aux points extrêmes du parc, il trouvera Sèvres, Ville-d'Avray, le parc de Villeneuve-l'Étang, Garches, tous lieux ravissants ou curieux dont nous parlerons plus loin.

Quant à nous, nous allons, tout en nous dirigeant vers Ville-d'Avray, dire quelques mots d'une solennité annuelle dont le parc de Saint-Cloud est le théâtre. Vous l'avez deviné, il s'agit de la fameuse fête qui, pendant les premières semaines de septembre, emplit de son bruit et de son animation toute la partie basse du parc, et amène chaque jour dans la ville une incalculable quantité de visiteurs.

Nous ne sommes point ici à l'aristocratique fête de Neuilly, et, bien que composée des mêmes éléments, la réunion de Saint-Cloud conserve un aspect plus primitif et plus champêtre. Dans ce cadre magnifique, sur ces vertes pelouses, les bals dressent leurs tentes, les forains installent leurs théâtres, les montreurs de phénomènes ouvrent leurs baraques, les lutteurs invitent les amateurs à les *tomber*, les somnambules extra-lucides racontent le passé et prédisent l'avenir et, sous les arbres, pâtissiers, frituriers et marchands de boissons disposent, dans un désordre pittoresque, leurs fours, leurs poêles, leurs tonneaux et leurs tables bientôt prises d'assaut par les consommateurs. A deux heures de l'après-midi, un jour de fête à Saint-Cloud, l'aspect du parc est inénarrable; l'oreille ne peut percevoir tous les bruits qui se croisent dans l'air : le fifre siffle, le tambour roule, la grosse caisse tonne, le trombone gronde, la voix humaine éclate en appels réitérés ; un orchestre joue un quadrille : c'est le bal Willis qui ouvre ses portes ; des cris effarés percent la nue : ils partent du wagonnet des montagnes russes qui accomplit sa vertigineuse descente ou sa rapide ascension, et, sur le tout, le mirliton, roi de la fête, jette ses notes criardes et discordantes. Voici pour le bruit. Quant aux odeurs, bien fin qui les distinguerait au milieu du mélange d'exhalaisons que produit la galette sortant du four, les minces tranches de lard crépitant dans la graisse, la volaille tournant en plein vent devant un grand feu de bois, la pâte de guimauve pendant toute chaude à sa barre d'acier brillant, l'arome vineux s'échappant des pots et des brocs. Le regard, lui, est tour à tour étonné, captivé, irrité par la multiplicité des couleurs, la fantaisie des oripeaux, l'excentricité des annonces, enfin par les tableaux souvent originaux que forment les forains paradant sur leurs estrades.

Quand vient le soir, mille lanternes vénitiennes s'allument dans les arbres, une retraite aux flambeaux parcourt le parc, entraînant la foule sur ses pas. On sort de là absolument moulu, on a mal à la tête et aux yeux; mais, en somme, on s'est tellement amusé qu'on se promet d'y revenir le dimanche suivant.

Ville-d'Avray, Marnes-la-Coquette, la Marche, Vaucresson, Saint-Cucufa.

Nous avons quitté le parc par l'allée Nationale, et nous entrons à Ville-d'Avray par l'avenue de Saint-Cloud. Sur cette avenue, nous rencontrerons la mairie, un pavillon élégant, la fontaine du Roi, édicule où l'on puise une eau réputée pour son excellence dans toute la région, et les bâtiments tout neufs d'une crèche fondée en 1890 par Mme Hàlphen, propriétaire du château connu sous le nom de *château du Monastère*. Quant à la demeure seigneuriale construite au dix-huitième siècle, ses jardins en terrasse s'étendent auprès de la mairie. Ce chemin nous a conduit au centre du pays, sur la place de l'Église; avant de lui rendre la visite qu'elle mérite, nous allons dire quelques mots du passé de la commune.

Au moyen âge, Ville-d'Avray n'était qu'un amas de cabanes de bûcherons perdu au milieu des bois; selon l'abbé Lebeuf, il prit son nom d'une famille Davri, Davres ou Davrai, dont les membres furent maîtres du lieu avant les Dangeau.

Par acte du 28 novembre 1432, Milon de Dangeau légua la terre et ses droits féodaux aux célestins de Paris, et ceux-ci fondèrent un monastère dans le village.

Louis XVI acquit la seigneurie en 1778, et la donna à Thierry, intendant général du garde-meuble de la couronne, qui fit bâtir le château; dès ce moment, le pays devint le lieu de villégiature qu'il est encore aujourd'hui. De tout temps aussi, il put s'enorgueillir de la présence d'hommes diversement illustres. Avant que Thierry en fut le seigneur, il avait déjà été habité par Fontenelle; plus tard Ducray-Duminil, Arnault, Laya, Pradier et Corot en furent les hôtes.

Il n'est peut-être pas inutile de dire quelques mots du caractère particulier de la villégiature à Ville-d'Avray.

Avez-vous gardé le souvenir d'une comédie de Labiche, intitulée *la Poudre aux yeux?* Si vous n'avez pas vu cette amusante pièce au Gymnase, vous pouvez vous en offrir d'incessantes représentations à Ville-d'Avray pendant la saison d'été. Le pays, abstraction faite de quelques propriétés réellement belles et habitées par les favorisés de la fortune, devient, les beaux jours venus, le rendez-vous de cette classe, nombreuse à Paris, qui se croit au-dessus du peuple, méprise les artistes, enrage de ne point appartenir au grand monde et fait tous ses efforts pour paraître en faire partie.

Ne cherchez dans cette société gourmée ni l'aisance ni l'abandon charmant que permet la campagne. On ne sort qu'en grande toilette, on ne se lie qu'avec ses égaux tout en s'efforçant de les écraser, on ne cesse de parler modes, théâtres, courses, que pour médire un peu du prochain ou laisser deviner, par d'adroites allusions, la haute position qu'on prétend occuper, et faire supputer les grosses dots qu'on donnera à ses filles.

Des relations se nouent, **on se rencontre** à l'église, au bois, au bord du lac; les jeunes gens se plaisent, les demoiselles autorisent un flirt discret; deux cents mariages s'ébauchent dans la saison, pas un ne se célèbre; on s'est réciproquement jeté de la poudre aux yeux.

Ce tableau de mœurs esquissé, nous allons reprendre notre voyage. Nous sommes sur une petite place plantée de tilleuls, entourée de bornes reliées par de lourdes chaînes; l'église Saint-Nicolas en occupe le fond. Le monument est modeste et son architecture n'a rien de remarquable; mais, dès qu'on en a franchi le seuil, on se trouve, non sans surprise, dans une sorte de petit musée. Pas un tableau, pas une fresque, pas un groupe, pas une statue, qui ne soient signés de noms illustres dans les arts.

Corot, Pradier, Rude, Duret, Hesse, Richomme, Romain Cazes, Chambellan, ont à l'envi enrichi la petite église. Corot, particulièrement généreux, l'a dotée des jolies fresques, un peu haut placées, qui ornent les chapelles Sainte-Madeleine et Saint-Nicolas; de plus, l'église s'honore de posséder son *Saint-Jérôme*, toile d'un beau style, d'un grand caractère, classée à juste titre parmi les meilleures œuvres de l'artiste. De Pradier, qui fut aussi, nous l'avons dit, un habitant de Ville-d'Avray, l'église conserve les modèles en plâtre d'une *Vierge* dont le marbre est à Avignon, de la statue de *saint Louis* exécutée pour la ville d'Aigues-Mortes et du beau groupe du *Mariage de la Vierge;* en regard de ce dernier, vous verrez encore le modèle du *Baptême du Christ*, de Rude. Ces œuvres, vous les connaissez certainement, vous en avez vu les marbres à la Madeleine. De Duret, pour ne point abandonner les sculpteurs, nous citerons un *Christ montrant ses plaies*, d'une très belle expression.

Nous l'avons constaté, toutes ces œuvres sculpturales sont en plâtre; mais ceci n'est pas fait pour nous déplaire. Le plâtre, sa friabilité mise à part, est à nos yeux plus précieux que le marbre et le bronze; il est l'expression directe de la pensée de l'artiste, il a pour nous la saveur exquise qu'ont en gravure les épreuves avant la lettre.

Si nous revenons aux peintres, nous nous arrêterons tour à tour devant une belle fresque de Richomme représentant l'*Entrée du Christ à Jérusalem*, devant le *Couronnement d'épines*, grande composition de Hesse d'une valeur égale au tableau du même auteur qui décore l'église de la Sorbonne, devant le *Jésus au désert*, de Romain Cazes, et levant les yeux vers la coupole, nous verrons, dans les pendentifs, les évangélistes peints par Chambellan, figures d'un beau dessin, mais qu'on aimerait à voir traitées en tons plus doux (1).

Il nous suffit, en quittant l'église, de prendre le chemin qui s'ouvre sur notre gauche, pour atteindre en quelques minutes le bord des étangs; c'est dans un vallon entouré de verdures piquées par les blancheurs de quelques façades que nous les rencontrons. Voici d'abord le grand étang, entouré d'un chemin sablé que bordent des restaurants fameux dans la contrée; le lieu est calme, charmant et reposé, le matin, quand les promeneurs ne l'ont point encore envahi; la vaste nappe d'eau, fidèle miroir, reflète les feuillages, les nuages du ciel et les toits rouges qui jettent leurs tons gais au milieu des bois voisins. Sur les rives, quelques pêcheurs tendent leurs lignes et quelques artistes plantent leurs chevalets aux endroits où Corot plaça si souvent le sien.

C'est au bord de ce grand étang, au milieu d'un jardinet fleuri, que se dresse, depuis 1880, le monument élevé à la gloire du grand artiste. Vu de loin, cela fait un peu l'effet d'un tombeau; s'en approche-t-on, on s'aperçoit que c'est

---

(1) Cette nomenclature paraîtra peut-être longue déjà; pourtant, nous nous reprocherions de ne pas la compléter en donnant au moins les titres des fresques de Corot, qui ornent les chapelles Saint-Nicolas et Sainte-Madeleine. Dans la première, on voit les trois sujets suivants : *Saint Nicolas apparaissant à des matelots battus par la tempête, le Baptême du Christ* et *Jésus au jardin des oliviers.* Dans la seconde : *Madeleine pénitente à la sainte Baume, Adam et Eve chassés du Paradis* et le *Repos de la Sainte Famille.*

LA VALLÉE DE SÈVRES.

DESSIN DE P. MERWART.

une fontaine. Son auteur, M. Geoffroy de Chaume, l'a faite
d'aspect un peu lourd; mais on peut admirer sans restric-
tion la belle et expressive tête de Corot qui en décore le
sommet. Non seulement ici la ressemblance est parfaite,
mais encore le sentiment de douceur, de bonté, de bienveillance, qui caractérisait la figure du grand artiste est rendu
avec une perfection irréprochable.

Le mot *bienveillance* est venu sous notre plume et, comme
disait Alexandre Dumas père, ceci nous rappelle une histoire.

Un jour, il y de cela bien des années, Corot visitait en
même temps que nous les galeries d'un grand marchand de
tableaux parisien. Celui-ci montrait au peintre toutes les
œuvres qui garnissaient ses murs et ses chevalets. Le vieillard, que la difficulté de ses débuts et les longues contesta-
tions dont son talent avait été l'objet auraient pu aigrir,
avait conservé la plus douce mansuétude. Il regardait toutes
les toiles avec attention et, qu'elles fussent d'un maître
accepté ou d'un artiste encore inconnu, il s'appliquait à en
excuser les défauts et à en faire ressortir les qualités; la
critique, certes, lui eût été facile en certains cas, et pourtant
ses lèvres ne formulaient que l'éloge. Cette petite anecdote ne
peint-elle pas le beau caractère de l'homme, mieux que ne
pourrait le faire un long panégyrique? La maison de Corot
existe encore à Ville-d'Avray, elle est artistement décorée
et appartient maintenant à M. Lemerre, l'éditeur des poètes,
il a été le premier officier de l'état civil de la localité; c'était
en riant qu'il signait : le maire, Lemerre.

Le second étang, le lac supérieur, relié au premier par
une écluse, a conservé, lui, l'aspect d'une mare en forêt.

Nous sommes là tout près du bois des Fausses-Reposes ;
deux longues avenues le traversent, d'innombrables sentiers
le sillonnent. La promenade est agréable, mais le lieu
captive plus par ses entours que par lui-même; c'est par de
fréquentes échappées que l'œil est soudainement ravi à la
vue des vallées de Sèvres, de Chaville ou de Clagny, et aussi
par l'apparition inattendue de Paris.

En quittant ce bois, nous passons devant la belle ferme de
Jardy et nous gagnons Marnes-la-Coquette. Les origines des
grandes localités sont souvent obscures; celles de cette
petite commune sont bien connues. En 1119, Eudes de Sully,
évêque de Paris et propriétaire de la contrée, créa sur ce
terrain *marneux* des hostises de huit arpents de terre labou-
rable et d'un arpent destiné à bâtir (1).

La terre de Marnes devint la propriété de Michel Chamillard, ministre de Louis XIV; plus tard elle appartint à Nicolas
de Malézieu, ordonnateur des fêtes de Sceaux.

A côté de constructions des plus modestes, le pays possède
plusieurs luxueuses villas entourées de beaux parcs; il est
depuis quelques années très fréquenté pendant la belle saison; mais la société qui l'envahit alors n'a rien des prétentions de celle que nous avons vue à Ville-d'Avray, et ne songe
vraiment qu'à jouir des charmes de la campagne.

Sur la place centrale du village, vis-à-vis de la grille toujours fermée du parc de Villeneuve-l'Étang, s'élèvent, bien
simples toutes deux, la mairie et l'église. Cette dernière a
été construite aux frais de l'impératrice Eugénie.

Une courte promenade nous permet d'atteindre le champ
de courses de la Marche, vaste hippodrome dont la piste a
1 500 mètres, parc frais et riant, entouré de collines boisées,
sillonné de ruisseaux, parfumé de corbeilles fleuries, accidenté de ces innombrables obstacles qui rendent, ici, les
steeple-chases aussi palpitants d'intérêt pour les spectateurs
que dangereux pour les jockeys et les chevaux.

Un château blanc et gris, aux murs tapissés de lierre,
s'élève au fond du domaine. Il fut originairement construit
par Chamillard, vers la fin du règne de Louis XIV, et Marie-
Antoinette le posséda plus tard; là, comme à Trianon, comme

(1) Les hostises étaient des portions de terrain qu'on cédait à
des colons moyennant certaines redevances et à condition qu'ils
en opéreraient le défrichement. Les hostagers d'Eudes de Sully
lui payaient le cens de huit arpents, et pour le sol de la maison
lui donnaient un setier d'avoine à la Nativité, six deniers à la
Saint-Rémi et deux chapons le jour de la fête des Morts.

à Marly, elle fit construire sa petite laiterie. La propriété, vendue en 1793, appartint, sous l'Empire, à un employé supérieur des postes, nommé Boulanger; puis, de 1827 à 1852, à Arnold Scheffer, frère du grand peintre; à cette dernière époque, elle fut vendue à M. le marquis de Caze.

C'est en 1851, après que la mode eut abandonné la Croix-de-Berny, que le champ de courses de la Marche fut créé. On sait que ses réunions sont de véritables solennités sportives et que tout ce que Paris compte d'élégants et d'élégantes s'y donne rendez-vous et y fait assaut de fringants équipages, de luxueuses toilettes et d'enthousiasme pour les vainqueurs de ces luttes hérissées de dangers, où l'agilité de la bête n'a plus qu'une importance relative eu égard au sang-froid et à la présence d'esprit que doit posséder celui qui lui fait franchir barrières, haies, rigoles, fossés, rivière, sans compter la fameuse banquette irlandaise.

Bien qu'appartenant à la commune de Marnes, la Marche en est plus éloignée que du village de Vaucresson, vieille localité qui doit sa fondation à l'abbé Suger et se peuple aujourd'hui de villas, construites en pierre et brique, flanquées de tourelles, ornées de vérandas. Quelques-unes édifiées sur la hauteur prennent de loin l'aspect de petits castels; d'autres sont de simples pavillons à l'air joyeux dans leur cadre de verdure.

L'église de Vaucresson n'est qu'une salle oblongue, au plafond cintré, peint en bleu violent et piqué d'étoiles blanches. A douze cents mètres du village, nous rencontrons l'hospice de la Reconnaissance.

L'établissement, fondé en 1828 par Michel Brézin, présente, au bout d'une large route, la façade de ses bâtiments, simples d'architecture, mais séparés par de vastes cours, entourés de beaux jardins et dominés par le clocher de la chapelle d'une hauteur légèrement exagérée.

Dans la cour d'honneur, au milieu d'une corbeille de fleurs, se dresse sur un piédestal le buste d'aspect un peu lourd du fondateur de l'hospice, œuvre de Dantan aîné; quelques belles fresques décorent la chapelle, et le tympan qui surmonte la porte d'entrée est orné d'une Trinité entourée d'adorateurs; l'un de ceux-ci est peint sous les traits de Michel Brézin.

Bien que la fondation remonte à 1828, ainsi que nous l'avons dit, l'hospice ne commença à recevoir des pensionnaires qu'en 1833. Il avait fallu aménager, pour sa destination nouvelle, le domaine du Petit-Étang, et c'est un ami du fondateur, M. Delanoy, qui fut chargé d'exécuter les travaux.

L'établissement renferme trois cent quatorze pensionnaires, tous âgés de soixante ans au moins et tous anciens *ouvriers du marteau*. Une annexe de cet hospice a été créée en 1882, avenue de Clichy, à Paris, sous le patronage des fils Gouin.

Passons devant le haras Lupin, tristement célèbre depuis la bataille du 19 janvier 1871, et par une route superbe, claire, au milieu des bois de Vaucresson et de Saint-Cucufa, aux verdures à tout instant rompues par la façade d'une maison de campagne, nous gagnerons, après avoir franchi un carrefour qu'à notre grande surprise un bec de gaz décore à son centre, l'avenue de Rueil. A travers les futaies, les maisons continuent à apparaître de temps à autre ; nous passons devant le chalet de la Verveine, à la princesse Poniatowska, bâtisse originale avec ses grands toits et ses pignons de bois verni, et, par une route déclive encaissée entre des pentes boisées, nous arrivons à l'étang de Saint-Cucufa, masse d'eau dormante à l'ombre des saules, et tout entourée de peupliers au feuillage frissonnant et de bouleaux aux troncs blancs.

Saint-Cucufa! le nom n'est pas joli, il est même bizarre; mais l'endroit est charmant. Son patron fut, paraît-il, un moine espagnol fort réputé pour sa grande dévotion et retiré dans la contrée, déserte alors. Une chapelle dédiée à la mémoire du saint homme s'élevait jadis au bord de l'étang; elle est disparue, et vous n'y verrez plus que les maisons des gardes du bois. Mais là, comme presque partout en ce joli pays, il est possible d'évoquer un souvenir historique.

Reportez-vous par la pensée au 26 avril 1814. Une barque

ÉTANG DE SAINT-CUCUFA.

DESSIN DE F. DE MONTHOLON.

fait le tour du lac dans la fraîcheur de l'après-midi ; sur cette
barque, vous apercevrez, auprès du czar Alexandre Ier, une
femme belle encore malgré ses cinquante ans accomplis et
les dures épreuves qui lui ont coûté tant de larmes. Cette
femme est l'impératrice Joséphine. Elle fait sa dernière
promenade ; au retour, prise d'un mal subit, elle rentrera au
château de la Malmaison et s'alitera pour mourir trois jours
après. Reposons-nous un instant au bord de l'étang ; les
gardes du bois ont planté là des tables et des bancs rustiques,
et sous la maisonnette qu'ils habitent, il est un caveau suffisamment garni pour que le voyageur puisse se rafraîchir.

La Celle-Saint-Cloud, La Malmaison, Rueil, Buzenval, Garches.

Un peu reposé, nous reprenons notre marche ; nous passons auprès de l'étang sec, beaucoup moins pittoresque que
celui de Saint-Cucufa, et laissons à notre droite la belle propriété des Bruyères, domaine qui appartint à Napoléon III
et dont M. Blanc est aujourd'hui propriétaire.

Nous entrons maintenant à la Celle-Saint-Cloud, par la rue
de Vindé, qui traverse le pays dans toute sa longueur. Riante,
feuillue, fleurie, la Celle-Saint-Cloud fut guerrière et for-
tifiée jadis. On raconte qu'elle résista bravement aux Normands qui l'assiégèrent en 846. Plus tard, le pays appartint
à l'abbaye de Saint-Germain des Prés. Aujourd'hui, nous
pourrons parcourir le village sans que rien d'intéressant
retienne notre attention ; son église, sa fontaine, sa mairie
à la façade ornée de plaques de faïence, sont de celles qu'on
voit partout. Mais ce qui fait la gloire et la prospérité du
pays, c'est le grand nombre de magnifiques pépinières qu'il
renferme.

Si, par la rue de la Mairie, vous gagnez la route de la
Jonchère, vous jouirez, dès que vous serez arrivé sur le
plateau, d'une de ces vues enchanteresses qui défient toute
description, et dont une vue panoramique pourrait seule
reproduire le grand ensemble et les charmants détails.

De là, nous pousserons une pointe à gauche, nous passerons devant le château, une construction un peu écrasée s'élevant au fond d'une belle pelouse et entourée d'un parc magnifique. Ce château rappelle aux curieux quelques souvenirs historiques ; il fut commencé au dix-septième siècle par Joachim Sandrat ; achevé par le prince de Marcillac, il eut, le 19 juin 1695, l'honneur de recevoir le roi Louis XIV et toute sa cour. En 1718, Bachelier, valet de chambre du roi, se rendit acquéreur du domaine ; trente ans plus tard, il passa aux mains de Mme de Pompadour, qui l'agrandit et en fit une de ses retraites favorites. En ce temps-là, Collé y composa sa fameuse pièce : *la Partie de chasse de Henri IV*. Le château passa ensuite aux mains du fermier général Roussel, puis échut à Morel de Vindé, dont le souvenir est resté cher à la commune, grâce aux belles expériences de culture qu'il a menées à bien et aux superbes bergeries qu'il a installées.

Nous passons sous un pont de chemin de fer, et nous apercevons des grilles en bois noir, de grands bâtiments aux portes noires aussi, un long mur qui fuit au loin sous un couronnement de feuillage. Nous sommes devant le haras Blanc. Les écuries, plus confortables que luxueuses, sont entourées d'un parc coupé de pâtis où s'ébattent en liberté de jeunes et élégants poulains aux robes luisantes. L'éloge de ce centre d'élevage n'est plus à faire et les succès que son propriétaire remporte sur nos hippodromes sont présents à toutes les mémoires. Le haras contient à peu près constamment de soixante à soixante-dix chevaux.

Sur la commune est encore le château de Beauregard, habitation modeste du dix-septième siècle, quand elle appartenait au père La Chaise, quand Quinault et Lulli s'y réunissaient pour répéter leurs opéras ; modeste toujours quand les ducs de Berry et d'Angoulême, fils de Charles X, y furent élevés, mais somptueuse depuis que, vers 1855, mistress Howard l'a fait reconstruire.

Il faut revenir sur nos pas et regagner la route de la Jonchère ; quand le panorama que nous avons déjà admiré

LA CHATAIGNERAIE A LA JONCHÈRE.

DESSIN DE F. DE MONTHOLON.

aura disparu, nous entrerons dans un chemin déclive où nous ne tarderons pas à rencontrer ce coin si pittoresque qu'on appelle indifféremment dans le pays *la Châtaigneraie* ou *le Vallon des Châtaigniers*. Là, les arbres ont l'air d'avoir atteint les extrêmes limites de la vieillesse; les troncs énormes, couverts de callosités, se contorsionnent et grimacent comme des infirmes qui souffrent, des malandrins guettant leur proie ou des damnés blasphémant; les branches noueuses, tordues, pleines d'angles bizarres, étendent au loin leurs ramures épaisses, égayées de points lumineux par le soleil et de gazouillements par les oiseaux.

La Jonchère n'est qu'un hameau composé de quelques maisons, mais ce hameau a sa curiosité historique : le château. C'est une construction fort simple, dont le perron, orné de vases de fleurs, affecte seul une sorte de coquetterie; au seuil du parc, de tous les points duquel on découvre un splendide panorama, un sapin centenaire étend ses branches en forme d'immense parasol. La Jonchère est un ancien fief que Louis Bonaparte, le comte Bertrand, Ouvrard et Odilon Barrot ont successivement possédé. Sous le second Empire, la propriété appartenait à Mme de Metternich et fut souvent visitée par l'impératrice Eugénie.

Vis-à-vis du château est un autre domaine connu sous le nom de *Vert-Bois;* c'est là que mourut, en 1883, le romancier russe Ivan Tourgueneff.

Nous entrons sur le territoire de la commune de Rueil, mais nous sommes en réalité à la Malmaison; à travers une grille, nous apercevons la façade du petit château, orangerie de la propriété au temps de sa splendeur. Par l'avenue Delille, nous pénétrons dans le parc; sur la gauche est l'avenue Bonaparte; l'avenue Vigée-Lebrun la croise et passe devant une vaste pelouse bordée par une petite rivière et dont la verdeur s'étend devant toute la façade du château.

Muet sous ses toits gris, silencieux derrière ses murs décrépits, déshonoré par l'apposition d'une bande de calicot portant cette inscription : *Bureau de vente des terrains*, le château de la Malmaison semble aujourd'hui un monument fait exprès pour personnifier l'abandon et l'oubli. Vides sont ses appartements, vide sa petite chapelle au fronton décoré d'un joli bas-relief représentant l'*Adoration de la Vierge.*

Et pourtant, ils sont nombreux les souvenirs qu'on peut évoquer en présence de cette ruine anticipée, au milieu de ce parc dont le terrain se débite par lots.

On ne demeure pas d'accord sur l'origine du nom donné à ce lieu : *Mala Domus.* Désigne-t-il un repaire de brigands hardis comme il en exista tant autrefois; cette dénomination fut-elle adoptée au temps des invasions normandes? On ne sait, et l'histoire de la Malmaison, simple grange au treizième siècle, ne devient claire qu'à partir de l'an 1622. Le domaine, seigneurial alors, appartenait à Christophe Perrot, conseiller au Parlement; c'est lui qui fit construire le château, habitation d'aspect plus bourgeois que princier et dont l'exceptionnelle situation a seule fait la fortune.

Vendu comme propriété nationale, le domaine resta pendant quelques années en la possession de M. Lecouteux de Canteleu, qui le vendit, en 1798, à Joséphine Beauharnais, depuis deux ans déjà femme du général Bonaparte. Autant que les réunions du petit hôtel de la rue Chantereine, les dîners de la Malmaison, présidés avec grâce par la future impératrice, servirent aux projets de Bonaparte; là se tinrent la plupart des conciliabules qui précédèrent le coup d'État du 18 brumaire. Quand le général fut devenu consul, Joséphine put s'abandonner à ses goûts fastueux; elle agrandit le domaine et fit décorer l'intérieur de l'habitation par les plus fameux artistes du temps. Tandis que Gérard, Girodet et Laffitte couvraient les panneaux de ces compositions solennelles et guindées tant en faveur alors, Alexandre Lenoir et Bertault, s'inspirant de Trianon, transformaient le parc. Pendant ce temps, aidée par Ventenat, la châtelaine composait une collection de plantes précieuses, qui fut longtemps la grande curiosité de la Malmaison.

Dans cette retraite, Napoléon passa les plus heureux de ses jours, ses *jours de congé,* comme il disait. Alors c'étaient d'interminables parties de barres sur la grande pelouse, des représentations dramatiques dirigées par Talma et Michot, des dîners, des bals, des réceptions où les parvenus militaires qui composaient en partie la cour avaient grand'peine à se soumettre au ton aristocratique et aux manières du monde qu'imposait la maîtresse de la maison.

Parvenu au faîte des grandeurs, Napoléon vint plus rarement à la Malmaison; mais elle resta toujours la résidence préférée de Joséphine. C'est là qu'elle demeura constamment après son divorce; c'est là qu'elle mena, comme impératrice douairière, une existence environnée d'honneurs, égayée par de grandes réceptions, des dîners de gala et plus encore par les visites que son ancien époux daignait de temps en temps lui rendre. A la Malmaison encore, à la veille de sa mort, elle reçut la visite des souverains alliés, et ses enfants lui fermèrent les yeux le 29 avril 1814.

L'historien n'a pas fini de glaner autour de ces ruines. C'est en ce lieu, témoin des plus heureuses et des plus calmes heures de sa vie, que Napoléon voulut revenir quand il sentit que la fortune l'avait abandonné pour toujours. C'est de la Malmaison qu'il partit, le 19 juin 1815, pour ce voyage qui devait se terminer à Rochefort par son embarquement sur le *Bellérophon*. Quelques jours après, les Prussiens saccageaient le domaine et, c'est de tradition chez eux, s'emparaient de tous les objets transportables.

Un socle orné d'un aigle, depuis longtemps disparu, avait été placé dans les jardins à l'endroit où l'empereur posa le pied pour la dernière fois.

Vendue par le prince Eugène, la Malmaison appartint successivement à un banquier suédois, puis à la reine d'Espagne Marie-Christine, qui l'a habitée et cédée à Napoléon III. Visitée de nouveau par les Prussiens en 1870, elle est devenue la ruine que nous venons de voir. Morcelé, vendu par lots, ce beau domaine ne sera plus qu'un souvenir dans quelques années d'ici.

Quittant le parc de la Malmaison par l'avenue Marmontel pour nous rendre à Rueil, nous passons successivement devant les belles propriétés du *Bois-Préau* et des *Œillets*, arislocratiques demeures entourées de grands et beaux parcs. Une large avenue de platanes, trop courte à notre gré, nous mène à la rue Marie-Christine, et le boulevard de la Malmaison franchi, nous arrivons au centre de Rueil, par la rue de Marly, voie onduleuse à l'extrémité de laquelle nous ne tardons pas à distinguer le hardi clocher à deux étages qui complète si heureusement l'ensemble de l'église.

Tout en cheminant, il nous serait facile de faire luxe d'érudition et d'entretenir nos lecteurs du séjour de Childebert Ier à Rueil; mais de quel intérêt sont aujourd'hui ces antiques souvenirs? Nous ne nous appesantirons pas davantage sur ce que fut le pays plus tard, quand il appartint à l'abbaye de Saint-Denis; nous ne vous raconterons pas non plus l'incendie allumé en 1346 par les troupes du Prince Noir, incendie qui détruisit tout ce que Rueil pouvait conserver de vieux monuments et le laissa, pendant plusieurs siècles, pauvre, obscur et à peu près oublié.

Soudain, au commencement du dix-septième siècle, l'aspect change du tout au tout; la commune silencieuse s'emplit d'animation, les chevaux piaffent sur le sol de ses rues, les carrosses aux panneaux armoriés soulèvent des nuages de poussière sur leur passage; l'église est trop petite pour contenir les fidèles qui s'agenouillent sur ses dalles; cavaliers et belles dames se croisent en tous sens et souvent s'écartent avec un mouvement de répulsion et d'effroi pour laisser passer un moine de l'ordre de Saint-François, qui, les pieds nus dans ses sandales, le regard louche, la bouche tordue par un mauvais sourire, se dirige lentement vers la splendide demeure qui occupe le centre de la localité.

Cette demeure est le château de Rueil, qu'un riche bourgeois de Paris, nommé Moisset, vient de vendre au cardinal de Richelieu, et que ce dernier a fait transformer en véritable palais; le moine sordide qu'on redoute et qu'on salue est l'âme damnée du grand ministre, le père Joseph, l'*Éminence grise;* cette foule est celle des courtisans qui se pressent autour de l'homme qui, alors, tient entre ses mains les destinées de la France, distribue les places, répartit les honneurs et fait tomber les têtes rebelles.

C'était une résidence vraiment princière, ce château; de larges fossés entouraient les murs du parc; la grotte était citée comme une merveille, les cascades ont, dit-on, servi de modèle pour la construction de celles de Saint-Cloud. Jets d'eau, bassins, rivières, vertes pelouses ornées de statues, ombrages profonds, servaient de cadre et d'accessoires aux fêtes que le cardinal donnait en ce séjour. Les bâtiments rappelaient ceux du palais du Luxembourg et, dans la cour d'honneur, s'élevait un arc de triomphe à peu près semblable, comme forme et comme proportions, à celui qu'on voit sur la place du Carrousel. Là, entouré de ses poètes, Scudéry, Boisrobert, Colletet, etc., le cardinal donnait des représentations théâtrales; on dansait de grands ballets mythologiques semblables à ceux qu'on organisait dans les demeures royales; on montait des pièces à machines avec des appareils apportés d'Italie; les feux d'artifice illuminaient le soir les verdures du parc. La foule était assidue et nombreuse, mais la résidence se couvrait parfois d'un voile sombre; l'orchestre se taisait, la barre d'un tribunal remplaçait soudain la table du festin, et le maréchal de Marillac était condamné à mort par une commission spéciale, on pourrait dire spécialement choisie. Ceci se passait en 1632; six ans plus tard, le père Joseph mourait au château de Rueil, emportant quelques secrets peut-être, mais non les regrets de celui dont il avait été l'émissaire.

Il serait étonnant, puisqu'il est question de Richelieu, qu'il ne soit pas parlé d'*oubliettes;* on a voulu en voir à Bagneux dans la propriété Bénicourt (1), on n'a pas manqué d'affirmer qu'il en existait à Rueil. Ici comme là, nous croyons que l'imagination du peuple a plus fait que les architectes et les maçons.

Richelieu laissa par son testament Rueil à sa nièce, la duchesse d'Aiguillon. Le château reçut alors plusieurs fois la

(1) Voir *Tout autour de Paris*, page 261.

visite de la régente Anne d'Autriche, et la cour, menacée par les frondeurs, s'y retira précipitamment en 1648. C'est là que, l'année suivante, la reine eut une conférence avec les députés du Parlement. Le domaine resta dans la famille de Richelieu jusqu'à la Révolution. Morcelé et vendu alors, il était bien déchu de son ancienne splendeur quand Masséna en fit l'acquisition; il lui rendit, pendant quelques années, un peu de son ancien éclat. Aujourd'hui, il n'en reste plus rien, et les villas bourgeoises couvrent le vaste espace occupé jadis par le parc de Richelieu. Vers la fin du règne de Louis XIV, les caprices de la mode avaient fait subir à la décoration du parc des changements nombreux; les grottes et les cascades avaient fait place aux quinconces uniformes, aux cabinets de feuillage, aux boulingrins, à toute la solennité froide en grande faveur alors.

En 1815, les Prussiens se vengèrent sur l'habitation de Masséna des victoires qu'il avait remportées jadis. Sa demeure fut l'objet d'un pillage en règle.

L'église, dédiée à saint Pierre et saint Paul, est un monument curieux par son histoire et par sa construction, et que la richesse de sa décoration intérieure rend intéressant à visiter.

La première pierre en fut posée en 1584, par Antoine Ier, roi de Portugal, et ses fils, alors exilés de leur patrie. Le bâtiment que nous voyons ne date en réalité que du dernier Empire; mais M. Lacroix, l'architecte qui l'a réédifié alors, a scrupuleusement respecté les plans primitifs et les dispositions originales.

La nef, les bas côtés et le chœur, beaux spécimens de l'art architectural de la Renaissance, le transept conçu dans le style de la fin du quatorzième siècle et le clocher roman placé au centre de l'édifice sont absolument ceux qu'on pouvait voir avant la reconstruction. La façade ouest, édifiée par Lemercier, a conservé aussi ses dispositions primitives et ses pilastres superposés d'ordre dorique et ionique. Sur l'une des deux portes latérales, celle du nord, sont inscrites deux dates: 1603-1857.

L'intérieur de l'église, bien que de proportions modestes,

ne manque pas de grandeur; l'œil égaré sous les arcades cintrées revient avec joie vers les délicates fantaisies qui décorent les chapiteaux de ses colonnes et s'arrête soudain, charmé par l'harmonieuse coloration des verrières du chœur, jetant sur le maître-autel des reflets rouges, bleus, violets, d'une douceur infinie.

Avant d'aller plus loin, arrêtons-nous devant les orgues monumentales que soutiennent de fortes colonnes aux cannelures et aux chapiteaux dorés. C'est une curieuse œuvre florentine de la fin du quinzième siècle, due au sculpteur Baccio d'Agnolo. La conception est de fort belle ordonnance dans ses lignes, mais la profusion et l'éclat des ornements l'alourdissent; grâce à leur richesse, les détails captivent l'attention au détriment de l'ensemble, le regard violemment attiré ne tarde pas à se détourner, un peu las et non entièrement satisfait. Ces orgues ont été données à l'église par Napoléon III.

Traversons la nef, entrons dans le chœur, nous verrons à droite le tombeau en marbre blanc de l'impératrice Joséphine. Une coupole soutenue par des colonnes d'ordre ionique abrite la statue de l'impératrice, agenouillée en costume de cour sur un carreau auprès d'un prie-dieu. Le costume est un sacrifice fait au goût décoratif du temps; mais la statue est d'une pose gracieuse et d'une expression touchante. Le monument a été construit par Gilet et Debuc; l'œuvre sculpturale est de Cartellier. Sur le devant du sarcophage, on lit cette inscription: *A Joséphine, Eugène et Hortense. 1826.*

Nous passerons rapidement devant le tombeau du comte Tascher de la Pagerie, œuvre insignifiante au point de vue de l'art; mais nous nous arrêterons auprès du monument élevé à la reine Hortense, par Napoléon III. C'est en quelque sorte le pendant du tombeau de l'impératrice. La reine, comme celle-ci, est agenouillée sur un coussin; mais au-dessus de cette figure principale, plane un ange aux ailes déployées, souple, distingué, d'un fort bon style : c'est la partie vraiment remarquable de l'œuvre, qui est due au sculpteur Auguste Barre.

Au-dessous du chœur, dans une petite crypte de style roman qui servait jadis de sépulture aux Choart, seigneurs de Buzenval, et qu'on a reconstruite de 1857 à 1863, reposent les restes de la reine Hortense. Le tombeau, grand sarcophage, est placé sous une voûte dont le manteau royal développé remplit le fond.

En revenant à la lumière, nous verrons de près les vitraux dont nous avons admiré l'effet en entrant dans l'église; ils sont signés d'un artiste distingué : M. Lobin, de Tours. Un curieux objet d'art peut nous retenir encore : c'est le bas-relief en bronze doré ornant le devant du maître-autel. Ce bas-relief, d'une exécution intéressante, provient de la chapelle de la Malmaison et représente une *Mise au tombeau.*

Parmi les tableaux qui décorent l'église, il faut citer un *Isaac bénissant ses enfants*, bonne composition de Signol; une *Assomption*, attribuée au Dominiquin; un *Christ en croix*, un *Joseph dans les prisons de Pharaon*, etc.

Sur l'une des colonnes du petit temple, une plaque en marbre rappelle le nom de ses fondateurs et, en le quittant, nous nous arrêtons encore devant la chaire joliment sculptée, et aussi devant la cuve des fonts baptismaux creusée dans un bloc de jaspe rouge sillonné de veines blanches.

L'hôtel de ville est une élégante construction, assise sur un perron au fond d'une cour sablée; il date de 1869, et a été édifié par MM. Lebois et Prince, architectes. Simple, sans luxe, mais bien aménagé, l'édifice ne renferme aucun objet d'art, mais il conserve de précieuses archives qui remontent jusqu'à 1640. Les actes de décès de Richelieu et de Louis XIII sont là; là aussi, nous avons vu une carte du pays dressée en 1740, et d'un grand intérêt local.

Rueil fut la deuxième étape de l'institution fondée par Mme de Maintenon, de concert avec Mme Brinon. Elle avait d'abord établi sa maison à Montmorency; de Rueil, elle fut transférée à Noisy-le-Roi, puis définitivement s'établit à Saint-Cyr.

Le pays possède encore une belle caserne, des institutions pour les sourds-muets des deux sexes, et l'industrie, lente à s'acclimater en cet agréable pays, commence à y avoir quelques représentants sérieux.

Nous ne parlerons que pour mémoire de la tentative qu'on fit, il y a quelques années, pour fonder un casino à Rueil; l'entreprise a échoué, le casino n'a pas laissé de souvenirs; il s'est transformé au mois de juin 1891 en salle de bal, de théâtre et de concert, sous le nom de Rueil-Château.

Traversons, entre les champs et les vignes, une plaine que le mont Valérien domine à droite et que les bois entourent à gauche, et nous ne tarderons pas à nous trouver devant la grille du château de Buzenval. Elle s'ouvre sur un parc entre deux pavillons du dix-septième siècle, accostés de constructions modernes. Le château, construit au fond de la propriété, est composé de quatre corps d'hôtel, formés en pavillons carrés, dont deux gardent encore leurs anciennes tourelles. Le château appartient maintenant aux frères de Saint-Nicolas; ils y ont établi un noviciat.

Si nous dépassons le mur du parc, nous nous trouvons bientôt au sommet d'une colline. Un petit enclos le domine; il est planté de fusains et de lauriers, et fermé par une grille, qui disparaît sous un amas de couronnes. Au centre, sur un socle de pierre, s'élève la colonne qui consacre le navrant souvenir de la bataille de Buzenval.

Rien de plus simple que ce monument orné seulement d'une guirlande de drapeaux, d'épis, d'anémones et de lauriers, et portant à son sommet de forme ovoïde cette laconique inscription :

XIX JANVIER MDCCCLXXI.

Il est impossible pourtant, quand on a poussé la porte de la grille, de ne point se découvrir; c'est à pas mesurés qu'on marche sur le sol sablé pour faire le tour de la colonne; il semble que, malgré soi, on craigne de réveiller des morts. C'est le cœur étrangement serré qu'on s'arrête à contempler de là cette campagne, riante et calme aujourd'hui, qui fut si tumultueuse et si profondément ravagée au jour désastreux dont le souvenir s'impose à notre mémoire.

La plaine qui fut le champ de bataille s'étend jusqu'au mont Valérien, verte, brune, jaune; quelques maisons rient parmi les champs cultivés, les rayons du soleil argentent dans l'air quelques flocons de fumée. De Paris, étendu au loin, à droite, on aperçoit la tour Eiffel et les lanternons du Trocadéro. Nul bruit ne monte jusqu'à nous; il semble que le lieu, après le déchirement de la lutte, ait gardé la mémoire de la grandeur de l'effort.

Jetons les yeux autour de nous et reconstituons l'action autant que cela est possible, après vingt années, seul sur la colline et sans témoins oculaires de l'héroïque et néfaste journée.

La concentration des troupes avait eu lieu péniblement, mais sans obstacle sérieux, pendant la nuit du 18 au 19 janvier. Cent mille hommes: troupes de ligne, mobiles, francs-tireurs, gardes nationaux, se rangeaient sur le champ de bataille.

Là bas, était la redoute de Montretout; les gardes nationaux et la ligne s'en emparaient dès le début de l'action. En même temps tombaient aux mains des francs-tireurs les villas Armengaud, de Béarn, Dantan; les mobiles de la Loire-Inférieure, commandés par de Lareinty, s'établissaient et se fortifiaient au château Pozzo di Borgo et dans la maison Zimmermann.

La journée commençait bien, les Allemands étaient refoulés sur Saint-Cloud; mais où nous sommes, à Buzenval même, ils occupaient une position à peu près inexpugnable.

La colonne de Ducrot, établie à Rueil, se heurtait, décimée, au feu incessant que crachaient les murs crénelés du Long-Boyau; le général de Bellemare, insuffisamment soutenu, s'épuisait en efforts contre la Bergerie, qu'il ne pouvait enlever, position précieuse qui nous aurait ouvert la route de Versailles; les 110e, 119e et 120e régiments de ligne et la garde nationale luttaient vainement contre les forces ennemies concentrées à Buzenval; les batteries allemandes de l'hospice Brézin et du haras Lupin tonnaient sans interruption, vomissant la mitraille, et les renforts arrivaient à l'ennemi d'heure en heure.

LA MORT DU COLONEL DE ROCHEBRUNE A BUZENVAL.

DESSIN DE E. BOUTIGNY.

Sous une pluie d'obus, notre armée piétinait dans la terre foulée et détrempée; on se tapissait contre les talus, on se réfugiait dans les casemates, on essuyait, presque sans pouvoir riposter, le feu des tirailleurs prussiens survenus en grand nombre. En vain essayait-on d'amener de l'artillerie à la rescousse; les chevaux s'embourbaient jusqu'au poitrail, les pièces culbutaient dans les fossés. Trois bataillons de la garde nationale, le 5e, le 123e et le 124e, font une charge admirable. Ces bourgeois qui, pour la plupart, il y a six mois, n'avaient jamais manié de fusil, ont la fougue des jeunes soldats et le sang-froid des vieux combattants. « Ils vont vraiment bien ces gaillards-là, » dit le général Noël, qui les regarde du haut du mont Valérien.

La journée s'avance, nos pertes sont grandes certes, mais la victoire est indécise encore; un dernier effort sur toute la ligne et la trouée sera faite peut-être. Le général Trochu n'en juge pas ainsi : « Ils se sont assez fait tuer, » dit-il, et il fait sonner la retraite.

Ce coup de clairon fut une immense surprise et une désespérance profonde pour ces braves qui se battaient depuis le matin, et qui, soutenus par une foi ardente, ne demandaient qu'à se battre encore.

On sait ce qui suivit : la capitulation!

Les combattants de la journée ne comptaient point leurs morts, ils les vengeaient. L'histoire a conservé les noms de quelques-unes de ces victimes du devoir: les colonels de Rochebrune et de Montbrizon, le capitaine Maurice de Launière, Gustave Lambert, le hardi voyageur, qui rêvait une exploration au pôle nord, Henri Regnault, un artiste qui serait célèbre aujourd'hui; et combien d'autres dont nul ne sait les noms, hormis ceux qui les pleurent encore! Jeunes gens à qui l'avenir souriait, heureux pères de famille qui n'ont point revu leur foyer, vieillards arrachés au repos par l'appel de la patrie agonisante, à ceux-là adressons un dernier salut, un dernier souvenir, et reprenons notre marche.

Au bout de quelques instants, nous nous trouvons devant le spectacle vraiment original que présente une briqueterie établie dans la plaine. Au loin nous apercevons les fours, groupe de bâtiments écrasés; sur le chemin qui conduit vers eux, formant des espèces de petites murailles, sont empilées de longues rangées de briques prêtes pour la cuisson. Au fond de profondes excavations qui s'ouvrent à nos pieds, leurs montres fichées dans la coupure à pic, des ouvriers jettent à pelletées, dans un moule, la matière qui doit constituer la brique; la pression d'un ingénieux mécanisme dont une femme manie le levier donne immédiatement à la terre une forme cubique et l'adhérence nécessaire pour attendre la cuisson sans se déformer. Entassées sur des brouettes qui, vides à la descente, pleines à la montée, font incessamment le voyage, les briques sont ramenées à la surface du sol, et, d'instant en instant, les petites murailles grises s'élèvent et s'allongent.

Par un chemin étroit, montueux, sinueux, nous ne tardons pas à arriver à Garches. C'est un pays d'ancienne origine, gai aujourd'hui, mais qui a beaucoup souffert pendant la guerre de 1870. Occupé par les zouaves dans la journée du 19 janvier, il fut attaqué et défendu avec un acharnement égal, et son faubourg, le Petit-Garches, présentait, au lendemain de la bataille, un aspect aussi désolé que celui de Saint-Cloud.

Son église, que Robert de la Marche avait fait construire en 1297, et qui était la première placée sous l'invocation de saint Louis, a été détruite pendant la bataille. Elle est remplacée par un édifice de style ogival; mais une pierre de fondation et une dalle funéraire du treizième siècle, dont les inscriptions gothiques étaient fort curieuses, sont à jamais disparues.

Garches est tout voisin du parc de Villeneuve-l'Étang, propriété de 70 hectares qui, ainsi que la Marche, appartint autrefois à Chamillard. Le château, sans valeur architecturale, qui en occupe le centre, était, au commencement du siècle, à la duchesse d'Angoulême; il devint, sous l'Empire, la maison de plaisance de Napoléon III. Officiellement à Saint-Cloud, la cour en réalité était à Villeneuve-l'Étang. L'impéra-

trice, hantée par les souvenirs de Marie-Antoinette, avait
fait construire dans le parc une luxueuse laiterie. A quelques
pas d'une ferme, vous verrez encore les bâtiments rustiques
où, comme à Trianon, on jouait à la vie villageoise; l'un de ces
bâtiments est devenu une buvette; un autre — c'était le logis
de l'aumônier — n'est plus qu'une ruine. Bois ombreux,
belles allées, vertes pelouses, taillis impénétrables, rivière
traversée de jolis ponts, pièces d'eau, fontaine, points de vue
charmants (celui qu'on découvre de la Brosse est, à juste
titre, un des plus réputés), vous rencontrez tout cela dans
ce beau parc. Malheureusement aussi, le chemin de fer de
l'Étang-la-Ville le traverse, et une de ses importantes parties
a été abandonnée à M. Pasteur; il y a établi des chenils,
d'où s'échappe à tout instant un concert d'aboiements déses-
pérés.

Selon le hasard de notre promenade, la traversée du parc
nous ramènera à la grille de Ville-d'Avray, ou à l'étoile de
la Chasse dans le parc de Saint-Cloud. Nous sommes donc
revenu à peu près à notre point de départ; l'extrémité du
parc atteinte et la Seine franchie, nous nous trouverons au
Bas-Meudon. C'est de là que nous partirons pour entreprendre notre deuxième excursion.

DE SÈVRES A VERSAILLES

ITINÉRAIRE

Le Bas-Meudon ; Sèvres : le pont de Sèvres, Manufacture nationale de porcelaine, École normale d'enseignement secondaire pour les jeunes filles, marché, écoles communales, hôtel de ville, église Saint-Romain, les Jardies, monument de Gambetta, les caves du roi, hospice Saint-Jean, société de consommation de Notre-Dame du Travail, crèche ; **Chaville :** château, mairie, église Notre-Dame, glacières, bois de Meudon ; **Bellevue :** château, chapelle de Notre-Dame des Flammes, villas, église, Brimborion ; **Meudon :** châteaux, buste de la Liberté, Observatoire d'astronomie physique de Paris, buste de Rabelais, buste de Babie, maison d'Armande Béjard, hôtel de ville, église Saint-Martin, une vieille porte, parc de Chalais, École d'aérostation militaire, Villacoublay, Vélizy; **Viroflay :** le viaduc, Notre-Dame du Chêne ; **Versailles :** hôtel de la préfecture, palais de justice, lycée Hoche, marché neuf, synagogue, église Notre-Dame, statue de Hoche, théâtre, casernes, salle du Jeu de paume, mairie, église Sainte-Élisabeth, réservoirs Gobert, marché Saint-Louis, église Saint-Louis, statue de l'abbé de l'Épée, église Saint-Symphorien, palais, musée, parc, les Trianons, le jardin des fleurs.

DEUXIÈME EXCURSION

Le Bas-Meudon, Sèvres.

Des restaurants aux engageantes enseignes, aux bosquets et aux terrasses déserts en semaine, encombrés le dimanche, des îles verdoyantes reflétant les festons de leur feuillage dans l'eau calme et transparente, quelques canots sur la rive, quelques chalands sur le fleuve, un ponton des bateaux-mouches, çà et là au loin un mur blanc ou un toit rouge, voilà tout ce qu'on voit au Bas-Meudon. Le tableau est souriant et magistralement encadré au fond par la masse noire du bois de Saint-Cloud. A son premier plan, il se raie d'une ligne droite, grise, ajourée d'élégantes courbures : c'est le beau pont de Sèvres.

Ne cherchons dans le petit pays, deuxième faubourg de Meudon, si l'on considère que Bellevue en est le premier, ni curiosités, ni monuments ; ses vieilles maisons s'élèvent assez pittoresquement parfois sur d'anciennes carrières, dont on aperçoit encore les voûtes profondes. Ses habitants sont, pour la plupart, pêcheurs, cabaretiers, loueurs de canots ; ses industriels fabriquent des blancs minéraux ou vendent du bois et du charbon. C'est après avoir passé devant le chantier de l'un de ces derniers et gravi une rampe qui côtoie la ligne du chemin de fer des Moulineaux que nous arrivons près d'une gare blanche, rouge, grise, encadrée de verdure, que l'administration des Chemins de fer de l'Ouest a fait construire en 1889, au bout du vieux pont.

C'est à dessein que nous disons *vieux pont,* car dès les temps les plus reculés, alors que Sèvres, ville aujourd'hui, n'était qu'une pauvre bourgade, un ouvrage en bois traversait déjà la Seine en regard de ses masures ; il nous revient même en mémoire que ce pont assez primitif encore, fut en 1708 le théâtre d'une aventure qui fit grand bruit.

Des cavaliers hollandais et des réfugiés chassés de France par la révocation de l'édit de Nantes avaient conçu le projet d'enlever Monseigneur le Dauphin, pour obtenir du roi des conditions de paix avantageuses.

Embusqués sur le pont de Sèvres, ils guettent un soir le carrosse qui doit conduire à Meudon celui qu'ils considèrent déjà comme leur otage. Une voiture aux armes royales arrive au grand trot; nos hommes l'entourent, les laquais résistent — comme résistent des laquais — pour la forme; les assaillants ouvrent la portière et s'emparent... de M. de Beringhen, premier écuyer. Ce n'était point la capture espérée, mais elle avait son importance, et les ravisseurs s'en contentèrent. Malheureusement pour eux, leur prisonnier étant incapable de fournir une longue traite à cheval, ils perdirent gracieusement une heure à chercher une chaise de poste; les pages du roi survinrent, délivrèrent le grand écuyer et s'emparèrent des aventuriers. Pendant ce temps, le Dauphin passait tranquillement sur le pont.

On rit fort de l'équipée à Sèvres, on en rit même à la cour, et M. de Beringhen obtint, sans trop de peine, la grâce de ses courtois ravisseurs.

Il était solide, paraît-il, le vieux pont, car les gouvernements qui se succédèrent jusqu'au premier Empire ne songèrent pas à le remplacer (1). Ce fut seulement en 1808, et sous la direction de l'ingénieur Vigoureux, que la reconstruction fut entreprise; elle n'était pas achevée quand on dut couper la communication entre les deux rives, lors de l'invasion de 1815. Le pont ne fut complètement terminé qu'en 1820.

(1) En 1798, le conseil des Cinq-Cents fut pourtant saisi d'une proposition d'un certain Leduc, qui offrait de reconstruire le pont en pierre ; mais les conditions qu'il posait étaient onéreuses : il demandait les droits de passe aux barrières de Passy, de Sèvres et de Vaugirard pendant trente années. L'Assemblée dut passer à l'ordre du jour.

Le pays est, lui, un des plus anciens de l'Ile-de-France. S'il faut en croire les chroniques, saint Germain, évêque de Paris, qu'il ne faut pas confondre avec Germain, l'ami de sainte Geneviève, y guérit, en 560, une jeune fille nommée Magna Flède, qu'on prétendait être possédée du démon. Vers la même époque, il fit bâtir l'église, et lui donna les reliques de saint Romain, son patron.

L'accroissement de Sèvres paraît avoir été sinon rapide, du moins continu. A son centre, vers l'église, s'élevait, au moyen âge, un manoir seigneurial, véritable forteresse, dit-on; là, les rois de France, en vertu d'un contrat passé avec leur vassal, faisaient incarcérer les prisonniers qu'ils ne voulaient point gracier aux époques où s'imposaient des mesures de clémence.

La commune prit une véritable importance et conquit sa célébrité au dix-huitième siècle, quand la Manufacture royale de porcelaine y fut établie. En 1815, ses habitants, mêlés aux soldats, tentèrent d'arrêter les troupes de Blücher, qui se dirigeaient sur Paris; l'héroïsme de la petite ville fut inutile, et les envahisseurs le punirent d'une journée de pillage. En 1870, Sèvres fut, dès le début de l'invasion, occupé par l'armée allemande. On se souvient encore de la mort de Floury, le tambour de ville, première des nombreuses victimes que la guerre a faites dans le pays. Sur l'ordre du maire, il battait le rappel quand il rencontra des uhlans qui voulurent le contraindre à remettre ses baguettes au fourreau; il refusa d'obéir. Un Prussien lui cassa la tête d'un coup de pistolet. Dès le 5 octobre, les maisons voisines du pont n'étaient plus habitables; quelques familles pourtant ne pouvaient se décider à quitter leurs demeures, et vivaient dans les caves, secourues par le maire, M. Léon Journault. Au prix de quels dangers? les vieux habitants de Sèvres le savent seuls.

Le 5 novembre, dans une de ces maisons abandonnées, M. Thiers se rencontra avec Jules Favre et les généraux Ducrot et Trochu; il leur fit connaître les conditions auxquelles le roi de Prusse consentait un armistice. Ces conditions

étaient terribles et furent repoussées. Cinquante jours plus
tard, il fallut en accepter de plus humiliantes encore.

Mais nous voici dans la Grande-Rue de Sèvres; c'est en
réalité la route de Versailles. Une petite place triangulaire,
plantée d'arbres, descend à notre gauche vers la Seine et le
Bas-Meudon ; à notre droite s'ouvre le parc de Saint-Cloud,
et nous apercevons de biais la façade de la Manufacture,

Manufacture de Sèvres.

installée ici depuis 1876, sur un terrain que la commune de
Saint-Cloud a cédé à celle de Sèvres, cette dernière tenant à
ce que l'établissement, dont elle est fière à si juste titre, ne
s'élevât pas en dehors de son territoire.

C'est en 1756, ainsi que nous l'avons dit ailleurs (1), que
la Manufacture royale de porcelaine, créée à Vincennes, fut
transférée à Sèvres dans les bâtiments où elle demeura pendant cent vingt années.

(1) *Faïences et Porcelaines*, p. 166. — *Tout autour de Paris*,
cinquième excursion, p. 158.

Les vastes constructions où s'abritent maintenant son administration, son magasin de vente, son curieux musée, ses laboratoires et ses ateliers, ont été édifiées par M. Laudin, architecte, qui, tout en donnant grand air au monument, n'a rien négligé pour que toutes ses parties fussent spacieuses, claires et bien appropriées au genre de travail qui s'y doit accomplir.

Après avoir franchi la grille qui sépare la Manufacture du parc, et jeté un coup d'œil sur sa façade longue de 100 mètres et décorée au sommet d'une mosaïque sortie de ses ateliers, après avoir passé devant la statue de Bernard Palissy, œuvre de Barrias, que nous avons vue déjà à Paris et à Boulogne, nous gravirons quelques marches et nous pénétrerons dans le large vestibule qui donne accès aux salles d'exposition et de vente, et d'où part l'escalier à double évolution qui conduit au premier étage.

Ce vestibule est décoré d'amphores gallo-romaines, d'urnes de Giat et d'énormes jarres d'une contenance de 4000 litres, fabriquées à Lucena pour la conservation des huiles. Ceci n'est qu'un avant-goût des curiosités céramiques que nous verrons tout à l'heure.

Quant aux salles de vente, elles nous donneront une idée des merveilles industrielles et artistiques qui se produisent ici : vases, coupes, plateaux, services de table, jardinières, flambeaux, candélabres, tout cela pur de forme, riche de décor, léger, sonore, irréprochable au point de vue de la confection, charmera tour à tour vos yeux de ses blancheurs, les retiendra par la puissance de ses bleus, les éblouira de la rutilance de ses rouges, les caressera du doux éclat de ses ors. Pour vous reposer, vous pourrez contempler, sous les vitrines, de délicates statuettes en biscuit, des groupes coquets savamment composés, et, sur les murs, des copies de grands maîtres exécutées en porcelaine par Constantin, Mᵐᵒ Jaquotot ou Mᵐᵉ Ducluzeau.

Mais le musée nous attire. En gravissant les degrés qui nous conduiront vers ses salles, nous allons brièvement raconter son histoire.

Sa fondation est relativement récente. Bien que les vases grecs acquis par Louis XVI à Denon, en 1785, puissent être considérés comme le noyau de la collection, c'est en 1805 seulement que Brongniart, alors directeur de la Manufacture, eut l'idée de rassembler les matériaux en assez grand nombre pour qu'ils puissent former en quelque sorte une histoire de l'art céramique. Les achats, les échanges et les dons surtout, augmentèrent rapidement les richesses du musée naissant. En 1826, Brongniart s'adjoignit Riocreux, qui commença le travail de classification, amené depuis, par Champfleury, à un état parfait.

Le musée comprend maintenant environ vingt mille pièces; c'est, par les yeux, un enseignement complet; c'est la possibilité d'étudier l'art du potier dans ses manifestations diverses, d'en suivre tous les progrès et aussi de se rendre compte du rôle que la mode a joué dans cette artistique industrie.

L'Égypte, la Phénicie, la Grèce, l'Inde, la Perse, vous montreront ici des spécimens de leur fabrication et vous révéleront les goûts décoratifs de leurs artistes. Quand vous aurez vu les poteries gallo-romaines, vous pourrez vous arrêter devant les faïences italiennes aux riches couleurs, devant les poteries hispano-mauresques aux reflets d'or, devant les étrusques aux rouges doux, aux noirs brillants; si la coquille d'œuf chinoise vous inquiète par sa fragilité, vous pourrez rassurer vos esprits en contemplant quelque lourd poêle sorti des fabriques d'outre-Rhin; si vous aimez les figurines de Saxe, vous en rencontrerez et des plus séduisantes. Préférez-vous les grès, si curieusement ornés parfois? vous en trouverez de flamands sous cette vitrine, et d'anglais sous cette autre. Vos goûts vous portent-ils plus particulièrement vers la fabrication nationale? Oiron, Rouen, Nevers, Marseille, Strasbourg, Moustiers, pour ne parler que des grands centres, vous montreront leurs vases, leurs plaques, leurs corbeilles, leurs jardinières dissemblables de formes, variés de couleurs, affirmant dans leur ensemble l'ingénieuse fécondité des céramistes français, et faisant cortége à quelques-unes des plus curieuses créations du grand Bernard Palissy.

Nous n'entreprendrons pas, on le comprend, une description des richesses contenues dans les vitrines du musée, accrochées à ses murs ou supportées par ses gaines; nous n'ouvrirons pas ses armoires, pleines d'échantillons des matières terreuses, pierreuses ou métalliques qui entrent dans la composition des poteries de toutes classes; nous ne chercherons pas dans les tiroirs pour trouver la curieuse série d'essais tentés et de résultats obtenus pour l'amélioration des pâtes et des couleurs. Nous en avons dit assez pour faire apprécier le puissant attrait que ces collections peuvent exercer sur les spécialistes, et aussi la curiosité qu'elles doivent exciter chez ceux, et ils sont nombreux, qui sont simplement admirateurs de belles choses.

Avant de le quitter pourtant, nous nous reposerons un instant dans le salon d'honneur, immense pièce dont le plafond est soutenu par douze colonnes, et que décorent des tapisseries tissées aux Gobelins par C. Duruy, d'après les cartons de Lechevalier-Chevignard, et représentant allégoriquement les phases diverses d'une composition céramique: le tournage, la cuisson, la sculpture, la peinture du vase, etc.

Saluons encore, avant de descendre dans les ateliers, les beaux bustes en bronze des fondateurs du musée: celui de Brongniart, par Feuchères, et celui de Riocreux, par Mathieu Meusnier; et, en disant adieu à ces belles collections si savamment et si artistement rangées, accordons un souvenir à Champfleury, qui fut pendant quelques années et jusqu'à sa mort (1890), le conservateur du musée et aussi son réorganisateur, quand la Manufacture s'installa dans ses bâtiments nouveaux.

La visite aux nombreux ateliers de la Manufacture est une des plus curieuses explorations qu'on puisse faire dans le domaine industriel. Il ne faut pas songer à assister à la fabrication complète de la pâte, opération qui demande un temps fort long; mais on peut, dans les ateliers consacrés à ce travail, se rendre compte du mélange de kaolin, de feld-

ATELIER DE FAÇONNAGE A LA MANUFACTURE DE SÈVRES.
DESSIN DE J. GEOFFROY.

spath, de pegmatite, de craie et de sable quartzeux au moyen duquel, après des lavages, des broyages, des raffermissements, des pétrissages, des pourrissages, des additions de *tournassures* (1), on obtient une matière blanche assez malléable pour prendre, sous la pression de la main mouillée, toutes les formes que l'ouvrier veut lui donner, assez solide pour atteindre sans déformation le moment de la mise au four.

Le tour à potier, que vous verrez fonctionner dans l'atelier de façonnage, n'est qu'un axe vertical terminé à son sommet par une plate-forme (*girelle* en terme du métier), et à sa partie inférieure par un disque pesant remplissant les fonctions de volant, et que l'ouvrier met en mouvement à l'aide de son pied. Une masse de pâte proportionnée à l'importance de la pièce qu'il veut ébaucher étant placée sur la girelle, l'ouvrier met le tour en mouvement, et sous ses mains trempées dans la barbotine (pâte très liquide), vous voyez à son gré le morceau d'argile s'arrondir et s'allonger. Son poing plonge au milieu, il suit habilement l'impulsion de la main restée dehors; le creux se forme en un instant, égal et régulier, et vous avez sous les yeux un vase à long col, à panse rebondie, un pot à bière ou une buire; si l'anse manque nécessairement à ces derniers, ne vous en inquiétez pas, elle est toute prête dans un moule et viendra se souder bientôt à la pièce principale.

Si l'ouvrier veut agrémenter sa pièce de moulures saillantes, de filets, de gorges, etc., il la laisse sécher pendant un certain temps, et la pâte peut alors se couper au couteau ou *tournassin*. L'outil n'est qu'une lame d'acier à tranchant droit ou courbe, placée perpendiculairement à l'extrémité d'un manche en bois, et que le tourneur contourne suivant le profil de l'objet qu'il fabrique.

Le procédé du coulage appliqué à la fabrication des tasses, des vases, des coupes, est aussi très curieux, et permet de

(1) Pâtes ayant déjà passé dans les ateliers, provenant des ébauches manquées ou des copeaux qui se forment quand l'ouvrier ramène sur le tour les pièces à leur forme définitive.

faire des pièces dont l'épaisseur peut, en certains cas, ne point dépasser celle de la coquille d'œuf, et dans d'autres, atteindre celle des vases de grandes dimensions. L'opération est des plus simples : on jette dans un moule en plâtre très sec un peu de pâte de porcelaine mêlée à une grande quantité d'eau ; l'eau tient la pâte en suspension et le moule, en absorbant le liquide, se garnit d'une couche qui prend exactement sa forme. On vide le liquide, et un moment après, un petit coup d'outil suffit pour détacher la pièce parfaitement formée et d'une épaisseur proportionnée au temps qu'a duré la succion.

Dans d'autres moules, par une simple pression, vous verrez encore prendre des empreintes de fins médaillons ou confectionner les parties qui doivent être soudées à de grandes pièces. Sur un petit tour encore, un ouvrier placera une assiette et, armé d'un long et fin pinceau, tracera des filets avec une sûreté de main et une régularité étonnantes.

Si nous passons dans les salles où sont installés les fours, nous apprendrons les mystères de la cuisson : le dégourdi, la mise en couverte, la cuisson au grand feu, toutes choses un peu trop techniques pour trouver place ici. Qu'il nous suffise de constater que le four à porcelaine est un grand fourneau de forme cylindrique, dont l'intérieur est partagé en plusieurs compartiments ; les foyers, nommés *alandiers*, font saillie sur la circonférence de l'appareil. Les pièces à cuire, qu'elles subissent le dégourdi dans le compartiment supérieur du four ou la cuisson après la glaçure dans l'étage inférieur, sont toutes renfermées dans des *cazettes* rangées verticalement et divisées par des espaces égaux, afin que la chaleur se répande d'une façon uniforme dans toutes les parties du four.

Quand le four est plein, il est muré par une maçonnerie en briques ; le feu de bois qu'on y entretient dure trente-six heures sans interruption et doit atteindre une température d'environ 1 600 degrés centigrades ; le refroidissement demande ordinairement de quatre à six jours.

Il ne nous reste plus à voir que l'atelier des décorateurs; mais la partie purement artistique du travail échappe à toute analyse. Disons que, généralement, la décoration s'applique sur des pièces déjà fabriquées en blanc et — la technologie reprend ici ses droits — que le décor se fait au moyen de trois palettes différentes : grand feu, demi-grand feu, ou de mouffle. Le beau bleu de cobalt, connu sous le nom de *bleu de Sèvres*, cuit à grand feu ; les autres couleurs cuisent au demi-grand feu ; la mouffle est employée pour ce qu'on est convenu d'appeler les *couleurs tendres*.

Il est inutile d'ajouter, nul ne l'ignore, que la composition de ces couleurs, destinées à subir la cuisson et les modifications qu'elle entraîne, est tout une science que les chimistes de la manufacture ont étudiée depuis son origine et qu'ils ont su porter à la perfection.

Si nous remontons la Grande-Rue, en quittant la manufacture, nous nous trouverons presque aussitôt devant une belle allée de marronniers, au fond de laquelle nous apercevrons la façade, noircie par le temps, du bâtiment où la fabrique de porcelaine fut d'abord installée. C'est maintenant, et depuis 1883, une École normale supérieure d'enseignement secondaire pour les jeunes filles ; elle est placée sous la direction de Mme veuve Jules Favre, et compte environ quatre-vingts élèves.

En nous dirigeant vers l'église Saint-Romain, nous rencontrerons successivement un marché, les écoles communales et l'hôtel de ville. Le marché, semblable à tous ceux qu'on bâtit actuellement, offre pourtant cette particularité d'avoir, à sa partie postérieure, des sous-sols auxquels on accède par une pente douce et qu'occupent de belles caves, des remises et des magasins. L'hôtel de ville est l'ancienne résidence des ducs de Brancas, qui furent autrefois propriétaires de tout le coteau nord du pays ; il ne renferme de curieux qu'une bibliothèque et la salle des mariages, assez artistiquement décorée.

A quelques pas de l'hôtel de ville est une sorte de petite place au fond de laquelle le verdoiement d'une terrasse de cabaret encadre une fontaine élevée en 1882, par souscription publique. L'édicule est surmonté d'un buste de la République.

Sur la gauche, en contre-bas, on aperçoit le flanc et le clocher de l'église. Saint-Romain est un monument d'un médiocre intérêt architectural ; il porte, sans les accuser par leurs grands côtés, le cachet des constructions religieuses de diverses époques : douzième, treizième et seizième siècle. En 1888, M. Joyeux, architecte, a procédé à une restauration intérieure exécutée avec goût.

Nous retrouvons là — on serait surpris qu'il en fût autrement — plusieurs objets d'art provenant de la Manufacture de Sèvres ; voici d'abord les quatorze stations d'un chemin de croix peintes sur porcelaine et offertes à l'église, en 1873, par Mme Louis Robert, veuve de l'un de ses directeurs ; puis encore de beaux vitraux exécutés au Mans, par deux de ses élèves : MM. Châtel et Fialeix. Une chapelle, voisine du chœur, est décorée d'un bas-relief ancien, représentant *Judas recevant le prix de sa trahison*. Enfin, Saint-Romain possède un tableau, un seul ; c'est une *Mise au tombeau* qui lui a été offerte, en 1886, par la famille de son auteur, Joseph Beaume, un peintre que la foule a bien connu jadis et que les amateurs d'art n'ont pas oublié.

Si le pays est fier de sa Manufacture, il ne l'est pas moins de posséder sur son territoire cette légendaire propriété *des Jardies*, jadis bâtie par Balzac, et dont une annexe fut la maison mortuaire de Gambetta. Cette maison, originairement logis du jardinier, n'est qu'un modeste cottage agrémenté d'un jardin. Dans les pièces du rez-de-chaussée, vides de meubles, on garde pieusement un grand nombre de couronnes apportées par des amis ou des sociétés, aux anniversaires de la mort de Gambetta. Au second étage, dans une chambre large, basse, éclairée par deux fenêtres, on conserve, au milieu de portraits et de bustes, une commode et un lit qui ont appartenu au tribun. Auprès de cette maison, désormais historique, et la dominant de toute sa majestueuse hauteur, se dresse le monument qu'un groupe

LE MONUMENT DE GAMBETTA AUX JARDIES, A SÈVRES.

DESSIN DE P. MERWART.

d'Alsaciens-Lorrains a fait édifier à la mémoire et pour la glorification du grand patriote.

Ici, rien de l'aspect, un peu funéraire que, lors de nos *Promenades dans Paris*, nous avons reproché à l'œuvre qui décore la place du Carrousel. Nous sommes en présence d'une conception animée d'un grand souffle patriotique, d'une véritable apothéose, à la fois voilée par le souvenir des provinces perdues et illuminée par l'espoir de leur retour à la patrie.

Au milieu d'une terrasse de forme demi-elliptique, sorte de galerie ornée des écussons des principales villes alsaciennes et lorraines, le bronze de Gambetta se dresse debout, le front dans la nue. Fier sur son haut piédestal, il presse sur sa poitrine la hampe brisée du drapeau français qu'il a relevé et dont l'aigle tombée reste à ses pieds. A la base du monument, assises dans un mouvement allongé et se réfugiant près de l'autel de la patrie, deux figures en marbre symbolisent l'Alsace et la Lorraine. L'une serre avec angoisse, contre son sein, un petit enfant qu'elle rapporte à la France ; l'autre, la main posée sur l'épaule de son jeune fils, lui parle à l'oreille, et d'un geste noble et puissant lui montre celui qui s'était dévoué à la défense du sol envahi et associé aux espérances des deux malheureuses provinces. Ces figures sont pleines d'expression communicative; on y sent palpiter l'anxiété, on y voit passer, au travers du déchirement de la douleur, une foi robuste dans l'avenir.

Nous n'entreprendrons pas l'éloge de M. Bartholdi, le grand artiste qui seul est l'architecte et le sculpteur de cette belle œuvre; mais nous ne saurions reprendre notre route sans constater que jamais une haute pensée n'a été rendue avec plus d'éloquence et de clarté. Faire partager une émotion ressentie, associer le spectateur à son inspiration, c'est, en art, un secret que M. Bartholdi connaît bien et qui n'appartient qu'aux grands maîtres.

Ajoutons que, pour l'édification du monument, dont la terrasse est de plain-pied avec le jardin, on a employé exclusivement des pierres provenant d'Alsace et de Lorraine.

Sèvres est en partie bâtie sur des carrières abandonnées; transformées en caves magnifiques, ces carrières ont longtemps servi d'entrepôt aux vins destinés à la consommation parisienne.

Visitez, si vous en avez le loisir, les sous-sols d'une ancienne brasserie de la rue des Caves. Dans ce souterrain immense, vous pourrez parcourir de hautes et profondes galeries rayonnant autour de vastes carrefours, plafonnés de roches aux angles bizarres ; ici, vous rencontrerez d'énormes piliers de soutènement ; là, la flamme de votre lampe vacillera au souffle frais qui s'échappe d'un étroit et impénétrable couloir allant, dit-on, jusqu'à Saint-Cloud. Ne regardez pas trop longtemps ce coin du ciel, aperçu par une cheminée d'aération, le sol pourrait manquer sous vos pas et vous tomberiez dans un fontis. Ne vous étonnez pas si un bruit d'averse frappe soudain vos oreilles; il est produit par des infiltrations continues, dont le sol et les murs sont garantis grâce à des toits de zinc établis dans les allées où elles se produisent : leur masse est chassée au dehors par une canalisation admirablement aménagée.

De cette visite aux *caves du Roi* — c'est ainsi que l'endroit s'appelle — vous rapporterez une impression à peu près semblable à celle que vous avez éprouvée en parcourant les catacombes de Paris, mais avec le sentiment funèbre en moins.

Ces caves, au dire de plusieurs écrivains, peuvent contenir quinze mille pièces de vin ; pour qui, ainsi que nous, les a parcourues dans toute leur étendue, ce chiffre peut être facilement doublé.

En quittant la commune, pour nous diriger vers Chaville, nous rencontrerons l'hospice Saint-Jean. L'établissement, fondé en 1853, est dirigé par des sœurs de Saint-Vincent de Paul, et recueille quelques vieillards, hommes ou femmes, appartenant à la localité. Le pays possède, en outre, un orphelinat semi-payant, semi-gratuit, la Société de consommation de Notre-Dame du Travail, inaugurée le 8 juin 1890, une crèche fondée par Mme Dassy ; enfin, on projette d'y édifier prochainement un hôpital.

Chaville, bois de Meudon.

La Grande-Rue de Chaville fait suite à la Grande-Rue de Sèvres ; c'est une voie large, bordée de maisons basses et fréquemment égayée par des bouquets de verdure. La commune, qui compte à peu près 3 000 habitants, se divise en haut et bas Chaville ; la première partie desservie par le chemin de fer de la rive droite, la seconde par celui de la rive gauche. Dans les flancs du coteau sur lequel le pays s'est construit, on retrouve, comme au Bas-Meudon et à Sèvres, de nombreux vestiges d'anciennes carrières.

En 1675, Michel Le Tellier, seigneur de Chaville, avait fait clore de murs 800 arpents de terre, et Louvois, son fils, commença sur un plan grandiose l'édification d'un château dont les vues ont été gravées, mais qui ne fut jamais entièrement achevé. La veuve de Louvois céda ses terres de Chaville à Louis XIV en 1695 ; l'habitation abandonnée n'avait jamais servi à personne, quand, devenue bien national, elle fut vendue à M. Gouly. Il n'en reste absolument rien aujourd'hui ; mais, dans l'institution des frères établie rue de Jouy, sur une partie du terrain qu'occupait la propriété, on conserve précieusement une gravure du temps, représentant l'ensemble du domaine tel que le ministre de Louis XIV l'avait rêvé.

Chaville a sa mairie, vous le pensez ; c'est un bâtiment modeste, comme il convient à cette commune dont les ressources sont limitées ; mais ses archives, conservées depuis le dix-septième siècle, sont d'un grand intérêt local ; on y rencontre fréquemment la signature des Le Tellier. L'église, rebâtie au dix-septième siècle, est placée sous l'invocation de Notre-Dame, et les écoles, constructions modernes, avec leurs pavillons extrêmes aux toits hardis, affectent un air de château Louis XIII ; elles sont assez curieuses et fort agréables à l'œil.

L'homme qui a transformé Paris sous le dernier Empire, le baron Haussmann, a passé une partie de son enfance à

Chaville ; la maison qu'il habitait, connue sous le nom de *château de la Source*, existe encore, bien que fort modifiée, au numéro 44 de la Route de Versailles.

En quittant la rue de Jouy, la plus pittoresque du pays, nous laissons derrière nous quelques fermes et quelques blanchisseries, et nous nous trouvons dans une sorte de vallée verte dominée par le bois de Meudon ; un restaurant champêtre s'abrite au milieu, derrière un rideau d'arbres ; le miroir d'un étang tranquille reflète les nuages du ciel et les découpures des feuillages voisins.

Tout auprès de l'étang se dressent plusieurs constructions aux portes noires, bardées de fer, aux toits écrasés couverts d'un chaume épais ; l'intérieur ne peut recevoir la lumière que par de grandes mansardes fort espacées. Ceci n'est rien autre que les glacières de Chaville. Franchissons la barrière qui les sépare de la route, ouvrons une des portes noires, soulevons une sorte de lourd volet placé obliquement au ras du sol et formant couvercle, et, selon que la glacière est pleine ou vide, notre regard plongera dans une sorte de cuve immense, aux sèches parois, ou rencontrera un amoncellement de glaçons qui prendront des aspects diamantés si un rayon de soleil filtre par une ouverture, et qui sont tenus là en réserve pour les besoins de la consommation parisienne.

Gravissons une côte légère, au bout de laquelle le drapeau d'une buvette claque dans le vent, et nous entrerons dans les bois de Meudon.

La promenade peut être courte ici si nous prenons le chemin qui nous conduirait directement à Meudon ou à Bellevue ; elle peut durer tout un jour, si le temps dont nous disposons nous permet d'explorer cette belle forêt où l'art n'a rien ajouté à la nature, où la main de l'homme ne passe, hélas ! que pour pratiquer des coupes.

Meudon, c'est le bois aimé de la jeunesse de la rive gauche et de la bourgeoisie parisienne ; il est, pour cette dernière, ce que le bois de Boulogne est pour le grand monde, et le bois de Vincennes pour l'est de la capitale. On aime ses grandes allées, tranquilles, claires, plafonnées de verdure,

bordées de fossés où croissent les violettes, son sol rayé
d'ombres, ses clairières subites découvrant de ravissants
points de vue, ses rampes abruptes, ses excavations profondes, ses dévallements soudains. Ici, le regard se perd
sous des ramures agitées par la brise et peuplées d'oiseaux ;
là, il s'arrête charmé sur les inextricables méandres de
jeunes bois, dont le sol est encore tapissé par les feuilles
rousses du dernier automne ; on a quitté une partie pleine
de ces chênes aux troncs noueux qu'affectionnait Rousseau,

Étang de l'Écrevisse.

on se trouve soudain dans un de ces bois de bouleaux dont
Diaz peignait si bien les éclatantes blancheurs. Fait-on quelques pas encore, on est sur le bord d'un lac aux vertes rives :
c'est l'étang de Villebon ; plus loin, vers Viroflay, on rencontre un autre étang enfoui sous les feuillées : c'est l'étang
de l'Écrevisse, un des plus délicieux coins de la forêt, que
nous verrons tout à l'heure en nous rendant à Viroflay, et
la pensée se reporte vers Corot. Est-on las d'avoir gravi un
raidillon pierreux ? on se trouve tout à coup devant la porte
de l'ermitage de Villebon, un restaurant célèbre sur toute
la rive gauche.

Bellevue, Meudon, Villacoublay, Vélizy, Viroflay.

Les bois de Meudon touchent à Bellevue, et nous ne tardons pas à arriver dans ce petit endroit si bien nommé.

Sa situation pittoresque et charmante semble avoir été remarquée, pour la première fois, dans les derniers jours de juin 1748, par Mme de Pompadour qui, passant par là, décida soudain qu'elle y aurait un château.

Deux jours après, assise sur un trône de verdure élevé au sommet du coteau, la marquise donnait audience à deux architectes, L'Assurance et d'Isle, et les chargeait, l'un d'élever les bâtiments, l'autre de dessiner les jardins.

Les travaux commencèrent immédiatement; Louis XV en suivit les progrès avec intérêt, il faisait parfois apporter son dîner au milieu des ouvriers et des artistes, et prodiguait aux uns et aux autres encouragements et félicitations; enfin, le 24 novembre 1750, le château fut prêt à recevoir ses hôtes, et le roi y coucha pour la première fois.

La décoration avait été confiée aux meilleurs artistes du temps. Une statue de Louis XV ornait le centre de la grande allée du jardin; dans un bosquet, composé de lauriers, de rosiers et de lilas, Coustou avait placé la figure en marbre du dieu Phébus; *la Poésie* et *la Musique,* deux figures qui décoraient le vestibule du grand escalier, étaient les œuvres d'Adam et de Falconet. Quant au grand escalier, il était orné d'une grisaille de Brunetti. Ceux de nos lecteurs qui ont visité, à Sainte-Marguerite de Paris, la chapelle des Ames, peuvent se faire une idée de l'effet magique qu'une décoration de cet artiste pouvait produire.

Outre ses vastes et somptueux salons, le château possédait encore une coquette salle de spectacle.

Mais toutes les magnificences de l'intérieur étaient oubliées quand, du haut de la terrasse, on contemplait le panorama immense, accidenté, charmant, qui se déroulait sous les yeux.

En 1757, Louis XV acheta le château et y fit ajouter deux

ailes ; puis, Mesdames, tantes de Louis XVI, en devinrent
propriétaires et l'embellirent encore. En 1781, elles y créèrent un jardin anglais de 34 arpents, où l'on rencontrait
une rivière, un étang, un moulin, des chaumières et enfin
une tour que, pour se conformer à la mode du temps, on
avait appelée *tour de Marlborough*.

Il ne reste plus rien du château de Bellevue; tout le pays
se groupe sur l'emplacement qu'il occupait. Les rues, bordées de jolies maisons de campagne, affectent encore des
airs d'allées de parc, et de la terrasse, vers laquelle conduisent deux couverts d'épais tilleuls, on embrasse toujours
un magnifique point de vue.

Nous ne rencontrerons pas de monuments à Bellevue, car
on ne saurait donner ce nom à la chapelle de Notre-Dame
des Flammes, édicule qui s'élève à gauche de la voie ferrée,
à l'endroit où s'est produite la catastrophe du 8 mai 1842.
Enclavée dans les constructions d'une école, cette chapelle,
abandonnée maintenant, ne peut étonner que par son exi-
guïté. L'église du pays est sur l'avenue qui conduit à Meudon.

En revanche, les villas auxquelles se rattachent un souvenir sont en assez grand nombre. Le poète Thomas Moore
a habité un pavillon qu'on voit encore sur le penchant du
coteau, et que Louis XV avait fait bâtir pour Mlle de Coislin.

L'orangerie du château est devenue la villa Boson ; Amé-
déc Pichot, directeur de la *Revue Britannique*, l'a fait orner,
par Paul Balze, de jolies peintures représentant *la Moisson*
et *la Vendange*. Dans la villa Stahl, résidence de l'éditeur
Hetzel, Granville a composé l'humoristique série des *Animaux peints par eux-mêmes*. Casimir Delavigne, Scribe,
Émile Souvestre, Saint-Arnaud, Cavaignac, ont été, à diverses
époques, les hôtes de ce joli pays.

Pendant les travaux de construction du château, Louis XV
demeurait souvent dans un pavillon coquet qu'on nommait
alors *le Taudis*, et que, depuis, on a appelé *Brimborion*. Ce
pavillon a survécu; sa façade blanche ressort encore vigou-
reusement au-dessus du village, dans un encadrement
d'arbres magnifiques. C'est maintenant une propriété parti-

culière que son dernier acquéreur, M. Dassy, a payée
860000 francs.

De Bellevue, qui, nous l'avons dit, n'est qu'une dépendance de Meudon, nous gagnons cette dernière ville, par
une large avenue flanquée de contre-allées ombreuses que
bordent une foule de riantes habitations.

Meudon est-il le *Metiosedum* des *Commentaires de César ?*
On peut le supposer, mais rien ne le prouve d'une façon
absolue. Ce qu'on sait, car la découverte d'un dolmen l'a
prouvé surabondamment, c'est que le culte druidique s'est
exercé dans les forêts épaisses qui couvraient jadis toute la
contrée.

Bien que son territoire appartînt, en grande partie, à
l'abbaye de Saint-Germain des Prés, Meudon avait, dès le
douzième siècle, ses seigneurs et probablement sa résidence
féodale. L'un de ces seigneurs, le chevalier Erkanbod, est
mentionné dans une charte de 1180 ; un autre, Robert, était
panetier du roi en 1333 ; son fils, Henri, fut grand veneur
de Philippe VI. Enfin, Antoine Sanguin, grand aumônier de
France, évêque d'Orléans, vendit le domaine à la duchesse
d'Étampes, qui, après la mort de François Ier, le céda contre
une rente annuelle de 3000 livres, au cardinal Charles de
Lorraine, archevêque de Reims.

A partir de ce moment, Meudon entre dans l'histoire. Le
cardinal fait réédifier l'église Saint-Martin, installe dans le
village un couvent de capucins, et enfin fait construire, par
Philibert Delorme, une somptueuse résidence. Celle-ci s'élevait à droite de l'observatoire actuel, dans l'axe de la grille
d'honneur, et passait pour une des belles œuvres de la
Renaissance. Le centre était formé par un pavillon décoré
de trois ordres d'architecture et de bas-reliefs représentant
les Saisons ; deux figures couchées remplissaient le fronton,
que surmontait un comble octogone à peu près semblable à
celui du pavillon de l'Horloge, au Louvre ; les deux ailes
étaient ornées de colonnes et de pilastres, et leurs galeries
du rez-de-chaussée soutenaient des terrasses.

Dans cette splendide demeure, autour du prélat, accueillant et lettré, se groupèrent tous les beaux esprits du temps. Prêtons l'oreille, et nous entendrons Rabelais accompagner d'un large rire la lecture de quelque chapitre de son *Pantagruel*, ou Ronsard déclamer une de ses églogues. En même temps, une nuée de gentilshommes, de la suite des Guise, venaient se fixer dans le pays, qui prenait dès lors une physionomie de petite ville princière, qu'il n'a perdue complètement qu'à la suite des événements de 1870.

Les successeurs du cardinal de Lorraine ajoutèrent de nombreux embellissements à sa demeure. En 1574, Henri de Guise, le Balafré, fit construire, encore par Philibert Delorme, une grotte de rocaille qui, en son temps, passa pour une merveille. Elle était installée sur une terrasse en briques, à laquelle on accédait par deux rampes, et occupait l'emplacement du château actuel.

Ici vient se placer un fait historique. Le 31 juillet 1589, Henri de Navarre établit à Meudon son quartier général ; deux jours après, des officiers de Henri III y vinrent apprendre au Béarnais la mort de leur maître, assassiné à Saint-Cloud, et le reconnurent solennellement roi de France.

La fortune des Guise touche alors à son déclin. Abel Servien devient possesseur du domaine en 1654 ; il l'agrandit, l'embellit et fait construire la grande terrasse. Son fils rachète les terres que l'abbaye de Saint-Germain des Prés possédait encore, et, en 1660, la propriété passe aux mains de Michel Le Tellier, marquis de Louvois. Son fils, le ministre de Louis XIV, augmente encore les splendeurs du séjour ; les réceptions sont fréquentes et magnifiques ; mais, l'historien est heureux de le constater, elles s'interrompent parfois pour laisser délibérer en paix les membres de la naissante Académie des inscriptions et belles-lettres.

La veuve de Louvois céda Meudon à Louis XIV, en même temps que son domaine de Chaville, et le château devint alors l'habitation du Grand Dauphin; les fêtes et les réceptions cessèrent. Le propriétaire partageait ses loisirs entre la chasse, le jeu, la table et la société de Mlle Choin, « grosse camarde à l'air de servante », qu'il avait secrètement épou-

sée; mais il faisait quand même exécuter d'importants travaux. Par ses ordres, Le Nôtre dessinait le parc, Vauban
menait jusqu'au-dessus de la terrasse les eaux recueillies
dans les plaines de Vélizy et de Villacoublay ; la grotte du
Balafré disparaissait, un nouveau château s'élevait à sa
place. Quant à l'ancien, il s'enrichissait de tableaux et
de statues : Audran peignait les plafonds ; Coypel décorait
luxueusement la salle de billard et la chapelle ; Mumper et
Jacques Fouquières ornaient la salle à manger de paysages,
et Martin l'aîné couvrait les murs de la galerie du rez-de-
chaussée d'une douzaine de tableaux de bataille.

Le nouveau château, malgré ses avant-corps ornés de
colonnes doriques, ses deux vestibules, sa belle statue d'Es-
culape, due à Jean de Bologne, n'eut pas l'heur de plaire au
roi Soleil qui, deux ou trois fois chaque année, quittait Versailles pour venir à Meudon. « Fi, dit-il, refusant de franchir le seuil de la construction nouvelle, alors qu'on voulait
lui faire visiter les appartements préparés pour lui ; fi donc !
Ceci ressemble à la maison d'un riche financier plutôt qu'à
celle d'un grand prince. »

Le Grand Dauphin, dont le caractère était assez bizarre,
s'il faut en croire les mémoires du temps, nous apparaît à
distance comme un homme épris, avant tout, d'indépen-
dance et ne craignant rien plus que les responsabilités du
pouvoir. Il est certain qu'il ne se désintéressait pas des progrès de l'esprit humain et des tentatives scientifiques. Un
fait le prouve. Cent ans avant Chappe, au mois de septembre 1665, il encouragea des expériences de télégraphie
aérienne, tentées par le physicien Amontons. L'inventeur,
du haut de la terrasse de Meudon, faisait des signaux que
recueillait, au moyen d'une lunette, un correspondant placé
sur les hauteurs de Belleville. On n'accusa point Amontons
de sorcellerie, comme on l'eût fait sans doute quelques
siècles auparavant, mais on n'accorda qu'une médiocre
attention à sa tentative. « Jeu d'esprit très ingénieux, » dit
Fontenelle ; et on s'en tint là.

Le Grand Dauphin mourut à Meudon le 11 avril 1711. Huit

ans plus tard, le domaine fut échangé, avec la duchesse de
Berry, contre le château d'Amboise; puis, en 1726, il fit
retour à la couronne et, quelques années après, il abrita le
premier des rois détrônés qui devaient dormir sous ses lam-
bris, Stanislas de Pologne, beau-père de Louis XV. Pour ce
dernier roi, ainsi que pour son successeur, Meudon n'eut
plus guère que l'importance d'un rendez-vous de chasse.
Dans le château mourut pourtant, le 4 juin 1789, le fils aîné
de Louis XVI, ce malheureux enfant dont la naissance fut si
joyeusement accueillie, et dont les sept années d'existence
ne furent qu'une longue agonie.

Sous la Révolution, l'ancien château devint une sorte de
forteresse et un atelier de machines de guerre. C'est là que
fut confectionné l'aérostat dont on se servit pendant la bataille de Fleurus. Un violent incendie, qui éclata dans les
magasins en 1795, compromit si gravement la solidité des
constructions que, dès lors, le vieil édifice de Philibert Delorme put être considéré comme perdu. En 1803, Napoléon
fit jeter bas ce qu'il en restait, mais on utilisa, pour orner
l'arc de triomphe du Carrousel, les fûts en marbre blanc
veiné de rouge qui décoraient le portique. L'empereur eut
un instant la pensée d'établir à Meudon une sorte d'école de
rois; l'idée de cet *Institut* d'un nouveau genre ne fut pas
mise à exécution.

Pendant la campagne de Russie, Marie-Louise et le Roi de
Rome demeurèrent à Meudon. En 1833, le château abrita
don Pedro de Portugal et sa famille; puis, plus tard, le
duc d'Orléans, le maréchal Soult, Jérôme Bonaparte, ex-roi
de Westphalie. Sous le second Empire, il était habité par le
prince Napoléon, qui y avait réuni une précieuse collection
de tableaux.

Ici s'arrêterait l'histoire de Meudon, s'il n'avait joué un
rôle pendant les invasions que la France a subies en ce
siècle. Blücher, en 1815, établit ses batteries sur la terrasse,
et, par-dessus le village, canonna les troupes d'Excelmans,
qui venaient de lui faire subir un sérieux échec. En 1870, le
pays fut occupé dès les premiers jours du siège; de la ter-

rasse encore, vingt-quatre pièces d'artillerie tiraient sur le fort d'Issy et sur les remparts d'Auteuil. Au mois de janvier 1871, après l'armistice, les troupes allemandes incendièrent le château.

Ce récit nous a donné le temps de franchir la longue avenue dont nous avons parlé, et nous voici devant la grille d'honneur, surmontée maintenant de cette inscription : *Observatoire d'astronomie physique de Paris*. Avant d'entrer, avant de voir ce que la science moderne a fait de ce séjour princier, nous sommes forcé de nous arrêter un instant devant le petit monument que les habitants de Meudon ont élevé « à la gloire de la République », et qu'ils ont pompeusement inauguré le 4 août 1889. C'est un buste de femme, en bronze, représentant *la Liberté*, placé sur un piédestal en pierre, dont le dessin très pur est dû à M. Bieuville. Ici, nous ne sommes point en présence d'une œuvre officielle, mais bien d'une inspiration artistique révélant une personnalité puissante. C'est une tête de femme d'une grande beauté, d'une belle allure, attachée par un cou vigoureux sur un torse aux formes opulentes. Noble et hardie, éclairée par un regard à la fois puissant et doux, la face est encadrée dans les flots d'une abondante chevelure et tournée vers le ciel ; sur le sommet de la tête, un minuscule bonnet phrygien, coquettement posé, ressemble plus à une parure qu'à un insigne.

Ce beau buste est signé Gustave Courbet. L'artiste l'a exécuté en Suisse, à Jour-de-Pielz, pendant les dernières années de sa vie ; il le destinait probablement au pays qui l'a vu mourir, car l'œuvre porte sur son socle cette touchante dédicace : *Hommage à l'hospitalité*.

Ce qui reste du domaine, l'observatoire actuel, domine le village dont l'isolent de hautes murailles à contreforts puissants, terminées par une élégante balustrade. A droite de la grille d'honneur sont les anciens bâtiments des communs ; au-dessus se développe la magnifique terrasse ; large de 120 mètres, longue de 260 ; elle s'appuie sur des murs énormes en pierre meulière coupés, à intervalles égaux, par de lourdes corniches dont les volutes s'enfoncent en des

INTÉRIEUR D'UNE SALLE DE L'OBSERVATOIRE D'ASTRONOMIE A MEUDON.

DESSIN DE P. MERWART.

gaines ornées de tores. Nous gravissons les deux étages d'un escalier de fer, et nous nous trouvons dans le vaste parc de l'observatoire.

Le château brûlé a été l'objet de quelques réparations, incomplètes encore. De tous côtés, dans le parc qui l'entoure, on n'aperçoit que des dômes, des lunettes braquées vers le ciel et des hangars vitrés. Si l'on se retourne brusquement, le regard embrasse toute la campagne, depuis le village groupé au pied du domaine, depuis la blanche façade de l'orphelinat Saint-Philippe se détachant sur le fond vert des bois, depuis la Seine argentée et sinueuse, bordée de villages, rayée de ponts, jusqu'à Paris immense, hérissé de tours, de clochers, de dômes, dominé par la butte Montmartre, jusqu'aux collines de Montmorency dessinant une ligne doucement accentuée sur l'horizon profond.

L'observatoire, placé sous la direction de M. Janssen, qui permet gracieusement de le visiter, est spécialement affecté aux observations photographiques, spectroscopiques, optiques et magnétiques. Dans un service spécial, on obtient chaque jour des vues photographiques du soleil, dont le diamètre atteint 70 centimètres. La plus puissante lunette employée a 19 mètres de longueur. Une haute tour s'élève au nord du château ; elle appartient à la station de chimie végétale, établissement de l'État distinct de l'observatoire et dirigé par le docteur Berthelot.

Nous allons maintenant redescendre dans le village et le parcourir rapidement ; son aspect riche, en certains endroits, est assez simple en d'autres. Si nous nous arrêtons dans l'un des premiers, au bas de la rue de la République, par exemple, nous rencontrerons, au milieu d'un jardinet, un monument élevé à Rabelais en 1887, grâce aux concours réunis des Cigaliers et des habitants de Meudon. Ce modeste hommage au légendaire curé de Saint-Martin n'est qu'un buste en bronze de François Truphème, posé sur un piédestal. On ne possède pas, que nous sachions, de portrait authentique de l'auteur de *Gargantua ;* mais le buste que nous avons devant les yeux nous semble ne répondre que bien imparfaitement à l'idée qu'on se fait de sa physionomie.

Ici encore une légende s'est accréditée à propos de Rabelais. Il est certain qu'il fut titulaire de la cure de Meudon, qu'il avait obtenue par la protection du cardinal de Bellay, depuis le 4 janvier 1550 jusqu'au 15 janvier 1552. Pendant ces deux années, a-t-il exercé son ministère? La tradition dit oui, mais l'histoire dit non, et le curé charitable aux pauvres, indulgent pour les pécheurs, médecin des malades, ménétrier de la jeunesse dansante, est une figure charmante par de certains côtés, mais, il faut le dire, absolument fantaisiste.

C'est encore dans un beau quartier, dans un carrefour formé par la rencontre des rues Babie et du Parc, que nous voyons un autre buste. Œuvre de Mathieu Meusnier, celui-ci est d'une bonne valeur artistique, et les Meudonnais l'ont fait placer ici, en 1867, en mémoire d'un de leurs concitoyens, qui joua dans la ville un rôle à peu près semblable à celui que nous avons vu remplir, à Créteil, par le docteur Monfray (1) et que, dans une de nos prochaines excursions, nous verrons encore jouer à Deuil par le docteur Martin.

Louis-Ruben Babie n'était, paraît-il, qu'un simple officier de santé; mais son désintéressement, sa générosité et son dévouement étaient sans bornes. Il se distingua lors de l'accident du 8 mai 1842 et lors d'une épidémie de choléra qui sévit en 1849. Il est mort en 1867.

Si nous descendons la rue des Pierres, peut-être ainsi nommée à cause de son pavage, nous trouverons un souvenir plus ancien, mais intéressant encore. Regardez cette vieille maison qui porte le numéro 11; lisez l'inscription gravée sur une plaque de marbre fixée sur sa façade, et vous apprendrez, non sans surprise peut-être, que cet immeuble appartint jadis à Armande Béjard, femme de Molière, et qu'elle l'habita avec sa fille Esprit-Magdeleine (2).

(1) Voir *Tout autour de Paris*, p. 200.

(2) Cette propriété, classée, depuis 1873, parmi les monuments historiques, grâce à l'orientaliste Dulaurier qui en était alors possesseur, avait été achetée par la veuve de Molière en 1676, à un sieur Claude de Laborie, ancien secrétaire du roi. François

Dans la Grande-Rue, nous passerons, sans que rien nous oblige à nous arrêter, devant l'hôtel de ville ; puis nous entrerons à l'église Saint-Martin, édifice vaste et clair, dont la nef est d'une belle hauteur et les bas côtés très écrasés. Ses plus anciennes parties, le chœur et les chapelles voisines, sont encore telles à peu près que le cardinal de Lorraine les a fait construire ; les autres parties de l'édifice ont été refaites au dix-septième siècle. L'église renferme quelques tableaux, dont le plus intéressant, au point de vue de l'art, nous paraît être une peinture sur bois du seizième siècle représentant *le Christ en croix,* et le plus curieux, comme document historique, une *Abjuration de Henri IV*, qui doit avoir été peinte sous Louis XIII.

Au-dessus de l'église, cette massive porte ronde, dont le cintre s'appuie sur des chapiteaux sculptés, où l'œil retrouve difficilement des figures de moines, est l'entrée de l'ancien couvent des capucins. La légende en avait fait la maison de Rabelais ; l'écusson qui surmonte le cintre a jadis été décoré d'un masque de moine, grotesque, grimaçant, boursouflé, qui prétendait représenter les traits du fameux curé ; il n'en reste rien aujourd'hui.

Si nous continuons à aller droit devant nous, les bois vont nous ressaisir ; mais nous ne tarderons pas à nous trouver près du parc de Chalais, ancienne propriété du maréchal Berthier, qui devint un haras sous Napoléon III et servit de champ d'essai pour les mitrailleuses.

C'est là, maintenant, dans de spacieux bâtiments en fer et brique, éclairés par de larges fenêtres, que les capitaines Krebbs et Renard travaillent à la solution de ce problème depuis si longtemps posé : la direction aérostatique.

Guérin, son second mari, la conserva jusqu'en 1705. A cette époque, elle fut vendue à Pierre Lepoulain de Launay. De son vivant, la veuve de Molière avait constitué à l'église une rente de 20 sols pour laquelle sa maison était hypothéquée. M. Aug. Leuge a publié en 1887, dans la *Revue archéologique,* un très intéressant travail sur cette *Maison de campagne d'Armande Béjard.* Nous y renvoyons le lecteur curieux de plus amples détails.

On sait quels résultats les chercheurs ont obtenus déjà; on a vu leur ballon ovoïde s'élever dans les airs, y planer un moment comme un oiseau qui s'oriente, se diriger vers un endroit désigné d'avance, puis enfin revenir à son point de départ, après avoir décrit une courbe gracieuse.

L'appareil n'est pas encore arrivé à là perfection voulue, mais les courageux inventeurs ne désespèrent pas de surmonter les difficultés dernières.

Là aussi fonctionne, depuis le 17 avril 1888, l'École d'aérostation militaire, où les officiers du service d'état-major sont spécialement exercés au choix des emplacements favorables pour les observations en ballon captif, et à la pratique de ces observations; chacun de ces officiers est appelé aussi à prendre part à des ascensions libres.

A travers bois, par des chemins accidentés mais charmants, gravissant des raidillons, suivant d'ombreux sentiers, nous reposant au bord de frais étangs, traversant enfin des plaines cultivées, nous pourrions conduire nos lecteurs jusqu'à Villacoublay, et, de là, par la route de Choisy à Versailles, les ramener à Vélizy, sur la lisière du bois.

Dans le premier de ces villages, ils ne verraient que de belles fermes groupées autour des étangs, dont nous avons incidemment parlé plus haut; le second, plus riant, est occupé au centre par une vaste mare, où viennent se baigner et boire de belles vaches blanches ou rousses. Autour, une partie des 300 habitants de la commune cultive ses terres, engrange ses moissons, tandis que l'autre, hospitalière aux voyageurs, dresse, sous de verdoyants berceaux, des couverts, qu'on se dispute le dimanche, et fait sauter des lapins dans ses cuisines.

Peut-être s'arrêterait-on un instant devant la façade de l'église, ornée des armes de Louvois, bellement sculptées; mais ce serait tout, et c'est vraiment trop peu pour justifier une course de 4 ou 5 kilomètres (1).

(1) Louvois fut propriétaire du territoire de Vélizy et c'est lui qui fit construire l'église en 1674; elle est placée sous l'invocation de saint Denis.

Ne quittons donc pas le bois, et, sous son ombre, passant par l'étang d'Ursine et l'étang de l'Écrevisse, nous atteindrons Viroflay, qu'il nous suffira de traverser pour nous trouver à la porte de Versailles.

Viroflay est une commune composée de villas et de blanchisseries, qui n'offre rien de remarquable; mais elle est gaie d'aspect. Un viaduc de 216 mètres de longueur la domine de ses vingt-deux arches, larges de 10 mètres, hautes de 13. Une église proprette s'élève au milieu du pays. A l'entrée du village, au pied d'un chêne magnifique, au-dessus d'un entassement de bouquets et de couronnes, on voit une statue de la Vierge, qu'on appelle *Notre-Dame du Chêne*, et qui est le but de fréquents pèlerinages.

En quittant l'église de Viroflay, nous suivrons la rue de Versailles, une voie que bordent de grands parcs et qui ne tarde pas à se transformer en véritable avenue.

Ici, nous percevons déjà le caractère grandiose de la cité vers laquelle nous nous acheminons; dans la solitude, sur le pavé gris et sec, à l'ombre des arbres séculaires, on se croit volontiers transporté au milieu du grave et solennel dix-septième siècle. On s'étonne de ne pas croiser quelque luxueux carrosse entouré de laquais aux habits chamarrés; mais on aperçoit la voûte d'un chemin de fer, un coup de sifflet retentit, un signal tourne du blanc au rouge en faisant entendre un petit claquement, l'air se raye de fils télégraphiques, un bec de gaz dresse son candélabre à nos côtés, un sourd grondement retentit, un train passe : nous sommes bien au temps présent. A l'horizon apparaissent deux pavillons blancs reliés par une grille aux lances dorées; nous touchons au rond-point de Viroflay. Quelques pas encore, et nous entrerons à Versailles par l'avenue de Paris, dont la longue perspective, verte au sommet, grise à la base, fuit jusqu'à la place d'Armes.

Avant de parcourir la ville, prenons un moment de repos bien gagné, et employons-le à nous entretenir de son passé.

Versailles ; la ville.

Les origines de Versailles sont des plus modestes. On ne
saurait dire à quelle époque précise se groupèrent, sur ce
coteau aride et boisé, à l'ombre de la forêt de l'Iveline, les
pauvres chaumières, le manoir, les fermes, la grange Les-
sart, le moulin à vent et les quelques auberges qui formaient
les villages de Montreuil, de Choisy-aux-Bœufs et de Versailles. De ce dernier, il est question pourtant dans une
charte de 1037, et l'on sait qu'il appartint longtemps à l'abbaye de Saint-Magloire. Au seizième siècle, la seigneurie de
Versailles se divisa entre plusieurs possesseurs. L'un d'eux,
Martial de Loménie, obtint du roi Charles IX l'autorisation
de créer quatre foires annuelles dans le village. En 1579,
Albert de Gondi, comte de Retz, créature de Catherine de
Médicis, devint propriétaire du fief, et son descendant, Jean
François, premier archevêque de Paris, le vendit, en 1632,
au roi Louis XIII, pour une somme de 66 000 livres, que
le prélat reconnut avoir reçue du roi en *pièces de seize
sous* (1).

Grand chasseur, on le sait, Louis XIII avait dû parfois,
au retour de ses battues en la forêt voisine, accepter l'hospitalité de Jean Martin, propriétaire du moulin dont les
ailes tournaient à la place où s'élève maintenant la statue
équestre de Louis XIV; souvent aussi il avait passé la nuit
dans l'une des auberges de Choisy-aux-Bœufs, village en-
globé dans le parc, et que traversait alors la route de Brest.
Dès l'an 1624, il s'était fait construire une modeste résidence
à l'endroit où se rencontrent maintenant la rue de la Pompe
et l'avenue de Saint-Cloud. Devenu *seigneur* du lieu, il fit
démolir l'ancien manoir, acheta des terrains à Jean de
Soisy, et, sous la direction de Lemercier, fit bâtir le château,
que son fils devait plus tard transformer en palais.

Ici commence l'histoire de Versailles; quant à son ère de

(1) *Architecture française,* par Blondel.

LE CHATEAU DE VERSAILLES SOUS LOUIS XIII.

DESSIN DE A. TOUCHEMOLIN.

prospérité, nous n'en verrons l'aurore qu'au moment où la cour de Louis XIV s'y transportera.

Sous Louis XIII, la ville se composait de deux quartiers : le vieux Versailles et la ville neuve; les principales rues du premier étaient les rues de l'Intendance, de l'Orangerie et de Satory. Dans le second, les constructions nouvelles s'édifiaient lentement, en bordure de voies larges et droites. A l'est du vieux Versailles s'étendait le vaste terrain où Louis XIII faisait élever des cerfs et autres bêtes fauves, qui, sous Louis XIV, devait devenir le quartier du Parc-aux-Cerfs. Vers 1661 se créa le faubourg de Limoges, ainsi nommé en raison des Limousins employés aux travaux du château, qui s'y étaient logés. Sous Louis XVI, les villages du Grand et du Petit-Montreuil, réunis à la ville, en devinrent un faubourg.

Louis XIII ne songeait pas à faire de Versailles une résidence royale, mais simplement un rendez-vous de chasse; aussi la ville demeura-t-elle assez triste et peu habitée jusque vers 1661, époque à laquelle Louis XIV encouragea les propriétaires à construire, non seulement en leur donnant des terrains, mais encore en leur accordant bon nombre de privilèges. Aux termes d'une déclaration royale de 1672, confirmée, dans une plus large mesure encore, en 1692 et 1696, les maisons bâties à Versailles n'étaient sujettes à aucune hypothèque et ne pouvaient être saisies que pour des dettes privilégiées. Joignez à ces avantages le puissant attrait qu'exerçait sur son peuple de courtisans le dispensateur de toutes les faveurs, et vous comprendrez l'accroissement rapide de la cité nouvelle. Rappelez-vous avec quelle autorité le roi Soleil savait imposer ses volontés et soumettre son entourage à ses goûts, et vous ne serez pas surpris de retrouver dans le moderne Versailles encore tant de traces de la grandeur et de la majesté qui caractérisèrent le dix-septième siècle.

Lorsque la Révolution éclata, Versailles se rangea tout de suite aux idées nouvelles. Dès la réunion des états généraux, toutes les sympathies de la population furent acquises

7

aux députés du tiers état; elle applaudit au serment du Jeu de paume; elle accueillit avec joie la nouvelle de la prise de la Bastille. Aux journées d'octobre, elle fraternisa avec les Parisiens campés sur ses places, et sa municipalité ne fit rien pour empêcher l'envahissement du château, rien pour retenir la royauté, dès ce jour perdue dans la ville qu'elle avait créée. Aux journées de septembre 1792, Versailles, comme Paris, eut ses massacres; sur cinquante-trois prisonniers qu'on amenait d'Orléans — et malgré les efforts de l'autorité, énergique cette fois — il n'en échappa que trois à la fureur populaire. Le premier Empire fit peu de chose pour Versailles, qui ne lui dut guère que son érection en chef-lieu de département; pourtant ses habitants demeurèrent fidèles à Napoléon.

Livrée, le 31 mars 1814, à un corps de cavalerie prussienne, la ville fut, pendant les Cent-Jours, l'une des premières qui replaça le drapeau tricolore sur ses monuments. Après Waterloo, ses gardes nationaux volontaires se battirent avec deux régiments prussiens dans les bois de Rocquencourt et les mirent en complète déroute. Ce succès passager coûta cher à Versailles. Blücher entra le lendemain dans la cité, donna deux heures aux habitants pour remettre toutes leurs armes entre ses mains, et, quand nul ne fut plus en état de se défendre ou de se venger, il ordonna le pillage. Un grand nombre de maisons furent ravagées de fond en comble; de la manufacture d'armes, il ne resta debout que les murs.

A partir de ce moment, Versailles, dont la Restauration s'occupe peu, se relève silencieusement de ses ruines et s'immobilise en ses souvenirs; les rares commotions que ressent la ville ne sont, pendant longtemps, que le contre-coup de celles qui se produisent dans la capitale.

Sous Louis-Philippe, la création du musée et l'ouverture de deux lignes de chemin de fer semblent galvaniser le pays endormi. Sa visite, qui condamnait jadis à un voyage monotone, n'est plus que l'occasion d'une rapide et agréable promenade; les citadins en réapprennent le chemin, les étrangers affluent dans ses galeries de peinture, les parieurs s'éparpillent sur le tapis vert de son parc. Quand les grandes eaux jouent, l'affluence des curieux est considérable ; le commerce redevient actif, les restaurants et les hôtels font de bonnes affaires ; la ville est tranquille en sa médiocrité dorée.

Sous le second Empire, Versailles eut ses beaux jours encore ; il a gardé le souvenir de la splendide fête offerte à la reine d'Angleterre le 25 juin 1855 et aussi celui de la brillante réception faite au roi d'Espagne, le 24 août 1864.

Le coup de foudre de 1870 éclate. Il lui était réservé de ressusciter, pour Versailles, les terribles jours de 1815, et aussi de lui rendre une grande importance politique.

Le 20 septembre, le prince royal de Prusse prit possession de l'hôtel de la préfecture, et promit solennellement « le respect des personnes et des propriétés ». En même temps, l'armée qu'il commandait pillait, volait, forçait les demeures, violentait les habitants, outrageait le culte, insultait les morts. L'autorité allemande, tout en protestant hypocritement contre ces excès, ne faisait rien pour qu'ils cessassent et multipliait ses réquisitions. Il fallait lui fournir chaque jour 60 000 kilogrammes de pain, 40 000 kilogrammes de viande, de l'avoine, du riz, du café, du sel, du vin en proportion et 500 000 cigares.

Le 1er octobre, un préfet prussien, M. de Brauchitsch, est placé à la tête de la ville, et comme don de joyeuse arrivée, la frappe d'une contribution de guerre de 400 000 francs. Le 5 du même mois, le roi Guillaume arrive de Ferrières ; il s'installe à la préfecture que le prince royal abandonne pour la villa André. M. de Moltke se loge rue Neuve ; M. de Bismarck, rue de Provence. Le 13 octobre, les habitants de Garches, expulsés de leur village, affamés et ruinés, viennent chercher un refuge à Versailles ; vers la même époque, les journaux locaux sont supprimés et remplacés par *le Nouvelliste* et le *Recueil officiel du département de Seine-et-Oise*, feuilles que les Allemands rédigent en mauvais français. Le 18 octobre, les envahisseurs réclament à la ville une somme d'environ 652 000 francs, représentant selon eux on ne sait quel arriéré (1).

Le 21 octobre, une bouffée d'espoir passe sur la ville. Deux sorties se sont concurremment effectuées, l'une à Paris, l'autre au mont Valérien. La panique est grande chez les Allemands; les appartements de la préfecture ont été rapidement déménagés, les équipages royaux stationnent dans les cours, prêts à partir, postillons en selle. L'illusion est courte; la journée ne donne pas les résultats attendus.

Le 27 octobre, on apprend la reddition de Metz, et, deux jours après, les habitants de Saint-Cloud arrivent à leur tour en foule à Versailles. Le 30, M. Thiers, muni d'un sauf-conduit, passe par la ville au milieu des acclamations.

Pendant le mois de novembre, plusieurs personnages en vue sont arrêtés et envoyés en Allemagne. Le 23, on apprend que l'acte qui réunit la Bavière à la Confédération de l'Allemagne du Nord est signé, et, le 16 décembre, une députation du Parlement allemand apporte l'adresse qui supplie le souverain d'accepter le titre d'empereur. Le 22, M. de Brauchitsch, absent depuis trois semaines, revient à son poste et frappe la ville d'une amende de 50 000 francs. On ne peut payer; le maire et deux conseillers municipaux sont jetés en prison; ils y restent jusqu'au 5 janvier suivant, jour où les négociants versaillais sont parvenus, en se cotisant, à réunir la somme réclamée. L'avidité des oppresseurs n'est pas satisfaite, et la ville doit s'imposer encore un sacrifice de 300 000 francs (2). La grande sortie du 19 janvier cause

(1) Grâce à l'énergique intervention du maire, M. Rameau, cette réclamation ne fut pas maintenue; mais, ainsi qu'on le verra plus loin, ne fut pas la dernière.

(2) En présence de ces gros chiffres, le lecteur serait tenté peut-être de nous taxer d'exagération; pourtant nous ne forçons pas la note. L'arrondissement de Versailles a payé aux Prussiens, pendant l'occupation, la somme de *onze millions cinq cent mille francs*. La perte totale supportée par le département de Seine-et-Oise s'est élevée à 146 500 930 fr. 12. Le département de la Seine, seul, a payé plus : l'invasion lui a coûté 269 196 022 francs.

une nouvelle et profonde émotion; cette fois, on croit à la
victoire certaine, à la délivrance immédiate. La ville humi-
liée a vu, la veille, les cérémonies de la proclamation du
nouvel empereur; on espère que, pour le début de son
règne, il va fuir honteusement, la pointe de l'épée française
aux reins. Les troupes, rapidement concentrées à Versailles,
ont été passées en revue; elles encombrent les rues; la ville
n'est plus qu'un vaste camp. L'empereur s'est transporté
sur la route de Saint-Germain pour suivre, à distance, les
péripéties de la bataille; une heure encore peut-être et la
victoire sera revenue vers le drapeau aux trois couleurs
aimées... Hélas! on sait comment finit cette journée. On
sait que les conférences qui la suivirent amenèrent la capitulation de la capitale et la signature de l'armistice. Pourtant les exigences, les exactions, les brutalités de l'armée
allemande augmentèrent encore vis-à-vis de la malheureuse
population. La paix, signée le 26 février, n'amena pas la
délivrance encore, et ce fut seulement le 12 mars suivant
que l'armée allemande quitta enfin Versailles (1).

Six jours après, la Commune était proclamée à Paris, et
Versailles redevenait le siège du gouvernement. Grâce à la
présence des pouvoirs publics d'abord, à celle de la Chambre
des députés et du Sénat pendant les années qui suivirent,
Versailles redevint aussi vivant et aussi animé qu'il l'était
au temps de sa plus grande prospérité.

Depuis 1879, depuis que le gouvernement est rentré à
Paris, Versailles, où les Chambres ne se retrouvent plus
que lorsqu'elles se réunissent en congrès, a repris son calme
et sa solennité d'autrefois. C'est, à la porte de Paris, une cité
d'aspect provincial, aristocratique en certaines de ses parties, commerçante en d'autres, un peu froide partout, avec
ses rues tirées au cordeau, ses longues avenues bordées

(1) Sous ce titre : *Versailles pendant l'occupation prussienne*,
M. Delérot a publié, en 1873, un curieux et fort intéressant travail. C'est une sorte de journal où sont relatés chronologiquement
tous les faits dont nous n'avons pu donner ici qu'une rapide analyse.

d'hôtels antiques et de larges allées d'arbres, et son perpétuel silence, que troublent seuls les sonneries de clairon, ou la cadence des pas d'un régiment en marche.

Le premier édifice que nous rencontrons en remontant l'avenue de Paris est l'hôtel de la préfecture. Inauguré en 1867, il s'élève sur l'emplacement de l'ancien chenil de Louis XIV et de Louis XV; sa construction, mise au concours, a été dirigée par M. Amédée Manuel.

L'aile centrale de l'édifice se présente sur l'avenue de Paris, au fond d'une cour d'honneur dont deux ailes en retour bordent les côtés. Ces bâtiments n'ont au-dessus de leur rez-de-chaussée qu'un étage, surmonté d'une terrasse à balustres courant au bord des grands toits. Le fronton central est décoré d'un bas-relief en pierre, de Georges Clève, représentant la Seine et l'Oise sous la figure de deux femmes couchées. L'intérieur est artistiquement décoré. Dans l'escalier et dans la salle à manger, vous verrez d'intéressantes pages peintes par Lambinet : ici, *la Seine à Suresnes ;* là, *les Bords de la Seine* à *Rueil,* l'*Aqueduc de Marly* et celui de *Buc.* Dans un petit salon du premier étage, des toiles marouflées de M. Félix Barrias vous montreront les gracieuses personnifications de *la Poésie* et de *la Musique.* Dans le salon des Fêtes, enfin, vous pourrez admirer *les Quatre Heures du jour*, de Gendron, faisant pendant aux *Quatre Saisons*, de Jobbé-Duval. De beaux jardins s'étendent derrière le corps de logis principal, jusqu'à la rue Jouvencel.

En quittant la préfecture, nous passons devant le palais de justice. Nouvellement construit par M. Petit, sur l'emplacement de l'hôtel du grand veneur, c'est un édifice assez coquet, mais que, par suite de difficultés administratives, l'architecte a dû faire plus exigu qu'il ne l'avait conçu. La prison, bien caractérisée par sa lourde porte ronde, s'appuie aux flancs du palais de justice ; elle paraît neuve encore, bien que construite en 1844. Dans un îlot limité par l'avenue de Saint-Cloud, la rue de Provence, le boulevard de la Reine, les rues Duplessis et de l'Abbé-de-l'Épée, nous rencontrons d'abord les bâtiments du lycée Hoche, pùis ceux de l'hôpital civil. Le lycée abrita jadis une communauté de chanoinesses augustines, que Marie Leczinska avait fondée en 1760; sa jolie chapelle a été construite par Mique, l'architecte de la Petite-Paroisse de Saint-Denis et de la chapelle de l'hôpital de Saint-Cloud; elle est décorée de peintures de Bocciardi, Briard et Lagrénée jeune. Il n'est que juste de rappeler ici la belle place que le lycée a depuis longtemps conquise parmi nos institutions universitaires.

Quant à l'hôpital, il est d'origine fort ancienne, mais les constructions où il s'abrite sont relativement modernes. Il remplace une maladrerie qui existait dès l'an 1350, et fut détruite en 1679.

A cheval sur les rues de la Paroisse et Duplessis, formant un quadrilatère autour d'une place plantée d'arbres, sont les quatre pavillons du marché neuf, construit en 1841. Ces pavillons en pierre sont d'aspect un peu lourd; mais, dans leur fuite, les voûtes intérieures forment d'assez heureuses perspectives.

Rien de moins monumental que la gare de la rue Duplessis. Ne regrettons pas de nous être engagé jusque-là pourtant, car, à quelques pas plus loin, rue Albert-Joly, nous pourrons visiter la synagogue élevée aux frais de Mme Furtado-Heine et inaugurée en 1886; l'architecte, M. Aldrophe, s'est souvenu du bâtiment similaire qu'il a construit rue de la Victoire. Malheureusement, le terrain dont il disposait ne lui a pas permis de donner au temple de Versailles les belles proportions de l'édifice parisien.

Dans ce même quartier, au centre du square Duplessis, on a inauguré, le 28 juin 1891, la statue de Houdon, né à Versailles en 1740. Elle est installée sur un piédestal très simple, dont M. Favier a fourni le dessin, et représente le grand artiste, ciseau et marteau en mains et travaillant à sa fameuse statue de Voltaire. C'est une œuvre bonne de pose, belle d'expression et qui fait grand honneur à son auteur, M. Tony Noël, un artiste versaillais.

Par une suite de rues froides et se coupant toujours à

angle droit, après avoir passé devant une fort belle école
communale, après avoir remarqué que Gamain, le serrurier
qui accusa Louis XVI de l'avoir empoisonné, avait sa maison
au numéro 5 de la rue Neuve, nous atteindrons la rue Saint-
Lazare, au bout de laquelle nous apercevrons le chevet de
l'église Notre-Dame ; il nous faudra contourner le monument
pour nous trouver devant sa façade.

L'église Notre-Dame a remplacé un édifice de plus modeste allure qui s'élevait à peu près au même endroit, et
était dédié à saint Julien. La chapelle placée sous ce vo-
cable occupa jusqu'en 1618 une partie du terrain où furent
construits plus tard les grands communs du château (aujourd'hui hôpital militaire). La première pierre de l'église
actuelle fut posée le 10 mars 1684. Jules-Hardouin Mansart
en a fourni les plans.

Six marches précèdent le portail dont l'entrée centrale
est cintrée, décorée du monogramme N D et, dans les ram-
pants de son tympan, des figures de *la Religion* et de *la Charité*, sculptées par Pierre Mazeline et Noël Jouvenet, frère du
peintre ; des portes latérales correspondent aux bas côtés,
et la façade est complétée par deux tours peu élevées, s'achevant en terrasses et supportant à leur centre, ornement
d'une utilité et d'une grâce contestables, une lourde calotte
hémisphérique couverte en ardoises, et surmontée d'une
croix. Un gigantesque cadran d'horloge s'arrondit au-dessus
de la porte. Cette horloge, avec sa sonnerie, revint à la fabrique à 41 219 livres ; commandée en 1762 à l'horloger
Ignace Colette, des difficultés s'élevèrent au cours de son
exécution, des procès s'ensuivirent et l'horloge, sans sonnerie, ne fut posée qu'en 1770 (1).

L'intérieur, en forme de croix latine, manque d'élévation,
mais la chapelle absidiale, d'une très remarquable architecture, et le vaisseau sont éclairés par des vitraux modernes
dont la plupart, dessinés par M. Crauck, ont été peints par

(1) Voir à ce sujet le curieux travail de M. J.-A. Le Roi : *Histoire anecdotique des rues, places et avenues de Versailles.*

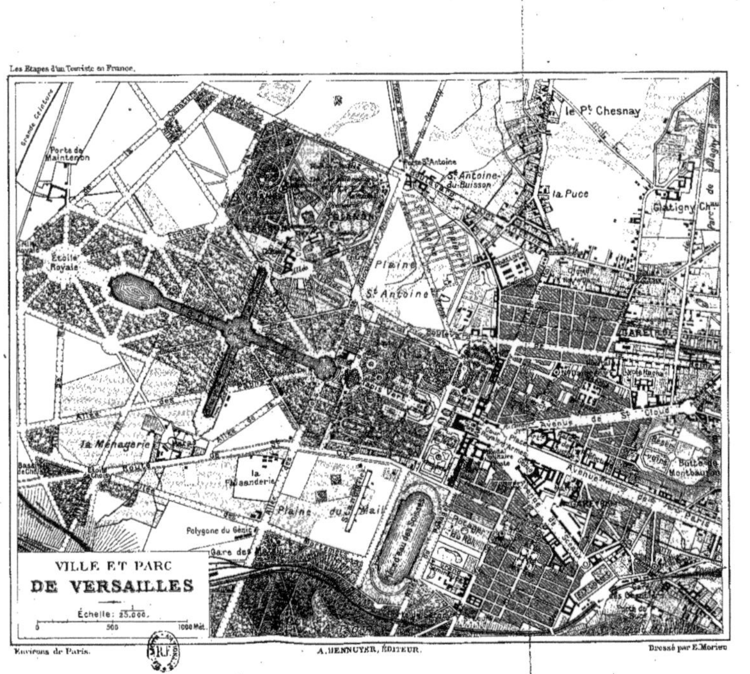

 A. HENNUYER, ÉDITEUR.

M. Lorin, de Chartres; quelques autres sont signés Hirsch.
La chaire en bois sculpté et doré remonte à la fondation de
l'église, et passe pour être l'œuvre de Caffieri et Briquet,
sculpteurs du roi. Quelques monuments décorent l'église :
celui de La Quintinie, directeur général des jardins fruitiers
du roi, mort en 1688; celui de Mansart, orné d'un moulage
en plâtre du buste de l'architecte, signé Lemoine, dont l'original est au Louvre; celui, fort beau, du comte de Vergennes
et, enfin, une plaque à la mémoire de Hoche.

Parmi les tableaux qui ornent les murs, nous signalerons
une *Prédication de saint Vincent de Paul*, de Jean Restout, et
une petite figure de *Vierge*, de Quintin Metzis.

L'église Notre-Dame, réparée pendant le règne de Louis XVI,
sous la direction de Foucier, vit, le 4 mai 1789, la proces-
sion des états généraux défiler sous ses voûtes. Fermée en
1793, elle devint le temple de la Raison. Un décret du
26 juillet 1800 la rendit au culte.

Hoche est un des plus glorieux enfants de Versailles; les
anciennes rue et place Dauphine portent maintenant son
nom. La première, où se trouve le temple protestant, s'ouvre
dans l'axe de Notre-Dame et conduit à la seconde, dont un
square décoré de la statue du général occupe le centre.
Involontairement ici, si l'on veut oublier le jardinet, ne voir
que la forme, tenir compte de la régularité majestueuse des
constructions, on n'est pas éloigné de se croire en présence
d'une réduction de la place Vendôme.

La statue du pacificateur de la Vendée n'est pas la première que la ville lui ait élevée. En 1832, on plaça ici une
œuvre exécutée sous le premier Empire par le sculpteur
Milhomme; l'artiste n'avait pas destiné, sans doute, sa statue
à la décoration d'une place publique, car il avait représenté
le général absolument nu. En 1836, on inaugura le bronze
que nous avons devant les yeux ; il est dû à Lemaire, l'auteur du magnifique bas-relief qui décore le fronton de la
Madeleine. Hoche est représenté debout, dans une belle et
fière attitude, en costume de général, ceint de l'écharpe, la
tête découverte, une main sur sa poitrine, l'autre appuyée

sur la poignée de son sabre. En 1868, la ville a institué en
l'honneur de Hoche une fête qui se célèbre chaque année
avec grand éclat le 24 juin, jour anniversaire de sa naissance. En 1880, le conseil municipal a fait rétablir sur le
piédestal l'inscription composée par Villemain lors de
l'érection de la statue et que le second Empire avait fait
disparaître : *Mort trop tôt pour la France ; s'il eût vécu, sa
gloire, toujours croissante, n'eût jamais rien coûté à la liberté
de sa Patrie.*

Avant de quitter ce quartier, rappelons quelques souvenirs qu'il permet d'évoquer. Les immeubles qui portent
les numéros 2 et 4 de la place ont été l'habitation de Bossuet ; le numéro 8 fut l'hôtel de *la Belle-Image*, où Jeanne de
La Motte commença les ténébreuses négociations de l'affaire
du collier. L'ingénieur Francine a demeuré au numéro 16
de la rue, et Le Nôtre au numéro 18.

Tout auprès de là, dans la rue des Réservoirs, s'élève le
théâtre. C'est une jolie salle, que Mlle de Montansier obtint
l'autorisation de faire construire en 1777 et qui, par un
couloir, communiquait avec le château. Heurtier en avait
dressé les plans, et sa machinerie organisée par Boullet passait pour une des plus complètes et des mieux disposées du
temps. C'est sur cette scène que le comédien Fleury a
donné sa représentation de retraite, le 20 mai 1818.

Dans cette même rue, correspondant par un passage avec
le parc, est l'hôtel des Réservoirs. Ce logis, construit en
1752 pour la marquise de Pompadour, abrita en 1815 Wel-
lington et Blücher ; pendant la dernière invasion, les officiers prussiens habitèrent les chambres et se groupèrent
autour de ses tables ; de 1871 à 1875, il fut assidûment fréquenté par les représentants de la droite. Propos frivoles,
discussions guerrières, grosses plaisanteries de caserne,
conciliabules politiques, les échos de ses salles ont répété
tout cela ; aujourd'hui, il n'est plus fréquenté que par des
promeneurs ou des bourgeois aisés.

Dans la même rue, une plaque de marbre placée sur la
façade de l'ancien hôtel de Condé, aujourd'hui hôtel de la

surintendance militaire, rappelle que La Bruyère habitait cet immeuble quand il écrivit *les Caractères*, et qu'il y mourut en 1696. Dans le voisinage, à l'entrée de la rue de la Paroisse, une autre maison est celle où naquit M. de Lesseps.

Nous allons traverser la place d'Armes. Semblables avec leurs cours immenses, leurs grilles monumentales, leurs bâtiments réguliers, nous verrons, à notre gauche, les casernes de l'artillerie et du génie. Ce sont encore des monuments distraits de leur destination primitive; ils ont été construits par Mansart de 1676 à 1685, et servaient de grandes et petites écuries au château. Par la rue de Satory, où se trouve le grand séminaire, nous entrerons dans cette partie de la ville qu'on nomme le *vieux Versailles*.

Nous nous arrêterons, rue du Jeu-de-Paume, devant un long mur percé d'une petite porte au-dessus de laquelle nous lirons l'inscription suivante : *Dans ce jeu de paume, le 20 juin 1789, les députés du peuple, repoussés du lieu ordinaire de leurs séances, jurèrent de ne point se séparer qu'ils n'eussent donné une constitution à la France.*

Cette salle, aujourd'hui classée parmi les monuments historiques, servit longtemps d'atelier à Horace Vernet; c'est là qu'en huit mois a été esquissé, dessiné et peint le grand tableau la *Prise de la Smalah*. La salle a été restaurée en 1883 sous la direction de M. Guillaume, et transformée en musée de la Révolution. Elle a conservé sa forme rectangulaire et ses galeries couvertes du rez-de-chaussée; de grands vitrages ont été substitués aux baies ouvertes de la galerie du premier étage; au long des murs, derrière l'édifice, dans une cour dont le gardien du musée a fait un jardin, on voit encore les supports en fer sur lesquels s'appuyait le plancher des tribunes.

Sur les murs de la salle, on lit les noms de tous les députés qui assistaient à la séance du 20 juin; le fond est décoré d'une reproduction du fameux tableau de David, exécutée en camaïeu par M. Olivier Merson. Au milieu de l'un des grands côtés, une fort belle statue de Bailly, due à M. de Saint-Marceaux, s'élève devant une sorte de portique à fronton triangulaire, surmonté du coq gaulois, portant la date célèbre et cette inscription : *Ils l'avaient juré, ils ont accompli leur serment.* Une plaque de cuivre répétant les paroles que nous avons lues au dehors est placée sur le mur depuis le 20 juin 1790. Une vingtaine de bustes des principaux membres de la Constituante, sculptés par Eude, A. Perrey, Ogé, Bernard, Ch. Gauthier, et quelques vitrines renfermant des médailles, des estampes, des autographes, des portraits, etc., constituent le musée duquel il est à désirer qu'on prenne la peine de dresser un catalogue.

Sur l'avenue Thiers, nous rencontrons, plus gaie que celle que nous avons vue déjà, la gare qui dessert le chemin de fer de la rive gauche ; et tout auprès la mairie, de monumental aspect, assise sur un haut perron. C'était autrefois l'hôtel du grand maître.

A Versailles, on ne peut faire un pas sans rencontrer un souvenir historique ou une manifestation d'art. Cette mairie, qui n'est la propriété de la ville que depuis le 2 août 1859 et qu'on a reconstruite à peu près totalement en 1872, faisait autrefois partie de l'hôtel de Conti, qu'un spéculateur nommé Bosc acheta 100000 livres en 1719; six ans plus tard, le 28 décembre 1723, il revendit au roi, pour loger ses grands maîtres, ce qu'il avait respecté des constructions anciennes. Une réparation s'imposait. Ce fut Henri de Bourbon, prince de Condé qui la fit immédiatement exécuter.

On a conservé, au rez-de-chaussée de la mairie, plusieurs salles, telles qu'elles furent originairement ornées. En les visitant vous aurez sous les yeux un spécimen parfait du style décoratif au beau temps de Louis XV.

Après avoir traversé le vestibule, vous entrerez dans une longue pièce dite *galerie municipale.* Elle est éclairée par six grandes fenêtres, ses murs sont couverts de boiseries blanches; elle est, de plus, décorée de peintures dont nous allons dire quelques mots.

Quatre grandes toiles de Denis Martin, élève de Van der Meulen, formaient originairement la principale décoration picturale de cette galerie; elles représentaient diverses résidences royales. Ces toiles ont été transportées au musée historique en 1839 et remplacées par les portraits de quatre illustres enfants de la ville : *le Maréchal Berthier*, copie d'un tableau de Pajou par Marcel Verdier ; *l'Abbé de l'Épée*, par Coupin de la Couperie, un artiste versaillais ; *François Ducis*, par son neveu Louis, et enfin *le Général Hoche*, une des dernières mais non des moins remarquables œuvres de Gérard.

Hoche, vêtu d'un uniforme fort simple, est assis au milieu du campement de son armée ; l'une de ses mains est appuyée sur la garde de son sabre, l'autre tient une proclamation dont le jeune général semble étudier les termes. Autour du camp, rassurés sans doute par la présence de celui qui les commande, les paysans se livrent à leurs travaux champêtres. Cette belle toile a été donnée à la ville par la veuve du grand artiste.

Au-dessus des portes, dans les panneaux, entre les fenêtres, règne une suite de jolies petites toiles chantournées. Quelques-uns de leurs auteurs, Jacques Cazes, François Verdier, Louis Boullongne, se sont inspirés de sujets mythologiques : *Bacchus et Ariane*, *Vénus et Adonis*, *Méléagre et Atalante* ; d'autres ont représenté des châteaux royaux : *Saint-Germain*, *Chambord*, *Madrid* ; un autre, enfin, a scrupuleusement reproduit la vue de la première machine de Marly, avec ses grandes roues hydrauliques et ses nombreux corps de pompe dominés par le magnifique aqueduc. Ce tableau, pris sur nature, est un document précieux.

N'oublions pas, avant de quitter la galerie, d'y signaler la présence de deux forts beaux bustes en marbre ; le premier, non signé, représentant le roi Louis XV ; le second, œuvre d'Augustin Pajou, a été donné à la municipalité, en 1790, par Louis XVI, dont il reproduit les traits.

La salle des mariages est une pièce de dimensions exiguës, mais par cela même peut-être d'un charme infini. Dans cet espace étroit mais lumineux pourtant, rien n'est perdu pour le regard, et sur les boiseries blanches à peine rehaussées de minces filets d'or, on peut apprécier toute la grâce et toute la finesse d'un décor où les artistes ont prodigué les jolies inventions, les fantaisistes enroulements, l'épanouissement des fleurs, le frémissement des feuillages, l'envolée des oiseaux, les chantournements aux torsions inattendues, enfin toutes les richesses d'un art qui n'avait que la fantaisie pour inspiratrice et la grâce pour règle.

Les tableaux, tous mythologiques, qui ornent cette salle, sont dus à Nicolas Coypel, à François de Troy, à Le Moine et à Antoine Coypel.

Une pièce qui fait suite à celle-ci a reçu originairement la même décoration; mais ici, lors de la reconstruction sans doute, l'or a été répandu à profusion et l'ensemble s'est conséquemment alourdi. Plusieurs toiles ornent cette pièce; la principale est la *Léda* du Corrège, exécutée par le peintre Stiémart avant que le fils du régent — dans un accès de pruderie — ait fait mutiler l'original.

La rue des Chantiers nous conduira vers le quartier appelé *Petit-Montreuil*. A son entrée, au numéro 17, nous trouvons encore un souvenir de la Révolution; une plaque de marbre fixée sur le mur de cette propriété nous rappelle qu'ici, en 1789, l'Assemblée constituante tint ses séances depuis le 5 mai jusqu'au 15 octobre. A l'extrémité de la rue, au fond d'un petit carrefour, s'élève l'église Sainte-Élisabeth, décorée, au-dessus du maître-autel, du *Miracle des roses*, tableau de M. Paul-Hippolyte Flandrin, qui fut très remarqué, en 1890, au Salon des Champs-Élysées.

Nous sommes ici tout près de la gare des Chantiers, à quelques pas des réservoirs Gobert établis en 1810, et dans le voisinage d'un cimetière récemment créé et qui promet d'être un des plus beaux du département. Si nous rentrons dans la ville par la rue d'Anjou, nous trouverons, à son point de rencontre avec la rue Royale, un marché qui fait pendant à celui que nous avons vu déjà, mais qui, beaucoup plus ancien, est remarquable par son originalité. Disposées en carrés, autour de petites cours centrales, figurez-vous d'étroites et basses maisons uniformément composées d'un rez-de-chaussée formant boutique, d'un étage et d'un toit à faible inclinaison couvert en ardoises. Certes, cela fait déjà un bizarre effet au milieu des hautes constructions voisines; mais, ce qu'il faut voir, ce sont les cours intérieures, l'état de vétusté des murailles, la petitesse des portes, l'étroitesse des escaliers, l'aspect malheureux de l'ensemble. Les arbres qui s'étiolent dans ces étroits espaces ont un air attristé; les fontaines ne coulent pas, elles pleurent ; toutes les petites portes que nous avons vues donnent accès aux arrière-boutiques. Derrière les fenêtres, on devine des salles à manger et des chambres à coucher, basses et exiguës; sur les murs, chaque industriel a affiché sa profession, et quand l'humidité a laissé subsister quelque chose des vieilles enseignes, vous êtes tout surpris de leur disparité. Tous les commerces et toutes les industries s'exercent là : le coiffeur est voisin du charcutier; le cordonnier roule sa boule de poix entre ses paumes à côté du pâtissier qui fait des godiveaux ; ici, la varlope siffle; là, le marteau résonne, et l'épicier qui brûle son café ne paraît nullement gêner l'horloger qui, l'œil à la loupe, se livre à son minutieux travail.

Ceci s'appelle le marché Saint-Louis; ce n'est certes pas le plus beau coin de Versailles : mais c'en est, à coup sûr, le plus original.

Nous voici maintenant devant l'église Saint-Louis, cathédrale de la ville. C'est une œuvre médiocre de Mansart de Sagone, neveu de François Hardouin. Le portique est maigre, le dôme manque d'élévation, les campaniles ont plus de prétention que de réelle utilité décorative. L'intérieur affecte la forme d'une croix; son ensemble, bien qu'un peu lourd, ne manque pas d'harmonie dans les proportions. Le banc d'œuvre, beau travail du temps de Louis XIV, et quelques-uns des tableaux qui décorent les murs sont remarquables; ces derniers sont signés Lemoyne, Boucher, Deshayes. Les beaux vitraux de la chapelle absidiale, dessinés par Devéria, ont été exécutés à la manufacture de Sèvres. Les confessionnaux sont faits pour la plupart de boiseries anciennes, ornées de fort belles sculptures. Enfin, dans une chapelle, on voit le monument érigé par la ville, en 1821, à la mémoire du duc de Berry, et dont le sculpteur Pradier est l'auteur.

Dans la sacristie, on conserve une toile de Jean Jouvenet, représentant la *Résurrection du fils de la veuve de Naïm*.

Auprès de la cathédrale est l'évêché, et sur une petite place, entre les deux édifices, Versailles, honorant encore la mémoire d'un de ses enfants, a élevé, en 1843, un monument à l'abbé de l'Épée ; la statue est de Michaut. L'artiste aurait pu être plus heureusement inspiré.

Nous avons fait à peu près le tour de toute la ville ; nous doutons que beaucoup de nos lecteurs soient tentés de s'égarer jusqu'au fond du faubourg de Montreuil pour visiter la grande mais froide église Saint-Symphorien, que décorent des fresques de Paul Balze. Ils ne retrouveraient plus, dans ce quartier, aucune trace des jardins de Mme Élisabeth, que l'abbé Delille affirmait être « dessinés en riant par les Grâces ». Nous ne pensons pas non plus que, malgré leur belle capacité, les réservoirs de la butte Montbauron attirent beaucoup de curieux. Nous sommes dans le voisinage du palais et nous allons y pénétrer, non toutefois sans signaler encore quelques institutions et plusieurs monuments qui complètent les richesses de cette belle ville.

Outre sa magnifique bibliothèque composée de soixante mille volumes et installée rue Gambetta, dans l'ancien hôtel du ministère de la marine, la ville possède une bibliothèque populaire fondée par Édouard Charton et établie rue Jouvencel ; les directeurs de cette bibliothèque font souvent des conférences scientifiques très appréciées par la population ; elles ont lieu dans la coquette salle des Variétés, rue de la Chancellerie, où la Société des fêtes versaillaises, œuvre d'utilité et de bienfaisance, fondée en 1865, donne des bals et organise des réunions, les uns et les autres très suivis. Cette société, créée aussi par Édouard Charton, s'associe à la ville pour multiplier les attraits des solennités versaillaises. Au 14 juillet maintenant, et grâce à elle, les grandes eaux jouent le soir et prennent, sous des projections électriques, un magique aspect de fontaines lumineuses.

Versailles est, de plus, le siège de l'Association artistique et littéraire de l'Oise, d'une Société des amis des Arts qui organise de brillantes expositions; vous y trouverez un conservatoire de musique, des écoles normales primaires d'instituteurs et d'institutrices, un lycée de jeunes filles, un petit séminaire, le monastère du Refuge, fondé en 1804, institution charitable et moralisatrice dirigée par des sœurs, et qui n'est pas sans avoir quelque analogie avec le couvent des Dames Saint-Michel de Paris; un asile de vieillards, un laboratoire agronomique, placé sous la direction de M. Rivière; enfin, et c'est sur cela surtout que nous devons insister, l'École d'horticulture de la rue de Satory, fondation relativement récente, puisqu'elle date du 1er octobre 1874, mais qui occupe le premier rang parmi les institutions de ce genre. Elle compte environ quatre-vingt-dix élèves externes, âgés de dix-sept ans au moins; ses cours, absolument gratuits, durent trois années, et elle fournit maintenant au monde entier des horticulteurs instruits et expérimentés.

Enfin, avec sa synagogue et son temple protestant de la rue Hoche, Versailles possède encore, rue du Peintre-Pierre-Lebrun, l'église S. Mark's Church, consacrée au culte anglican.

Outre Hoche, Houdon, l'abbé de l'Épée et M. de Lesseps dont nous avons déjà parlé, Versailles a vu naître le poète Ducis, le maréchal Berthier, l'académicien Tissot et, nous faisons quelque omission sans doute, Edme-François Jomard, ingénieur géographe, dont le nom reste inséparable des travaux scientifiques qui furent publiés à la suite de l'expédition d'Égypte.

Versailles, comme toutes les villes de France, a ses armes; elles étaient originairement : *d'azur à trois fleurs de lis d'or, surmontées de la couronne royale.* Elles se sont modifiées ; la ville porte aujourd'hui : *d'azur à trois fleurs de lis d'or; au chef chargé d'un coq à deux têtes naissant au naturel.*

Disons maintenant au revoir à la ville, et retournons-nous vers le palais, dont la grille monumentale s'ouvre au fond de la place d'Armes et donne accès à la cour d'honneur, vaste terrasse en glacis, où les ailes du monument, dominées par le haut toit de la chapelle, s'échelonnent autour du pavillon central.

Le palais, le musée.

L'ensemble du palais en impose par sa grandeur et sa solennité. Tout le caractère d'un siècle évanoui revit dans cette cour autour de laquelle se dressent, faisant cortège à la statue équestre de Louis XIV, celles en marbre blanc d'hommes illustres à diverses époques. Il faut se souvenir, dès le seuil, que le palais est maintenant le musée de nos gloires nationales pour n'être point blessé — ou tout au moins surpris — de rencontrer Bayard entre Richelieu et Colbert, Sieyès auprès de Duguesclin, Sully dans le voisinage du maréchal Lannes, etc. Mais qu'importent ces anachronismes! L'œil séduit par l'effet général s'arrête peu sur les détails. Les artistes passent assez indifféremment devant la statue de Louis XIV, œuvre médiocre de Petitot et Cartellier ; les visiteurs remarquent la tache noire assez heureuse qu'elle jette entre les bâtiments rosés du temps de Louis XIII et les hauts avant-corps gris de Louis XIV. Mais artistes et visiteurs, s'ils parcourent ce vaste espace, sont également captivés par la beauté des groupes qui décorent l'extrémité des rampes : *l'Abondance*, de Coysevox, et *la Paix*, de Tuby.

Deux grands pavillons à peu près semblables s'élèvent devant nous ; leurs soubassements sont rustiques et percés d'arcades ; leurs portiques sont d'ordre corinthien et, sur leurs frontons, on lit cette inscription : *A toutes les gloires de la France*. Ces pavillons ont été substitués à ceux que Le Vau avait construits en 1699 pour agrandir le château de Louis XIII ; celui de droite a été bâti par Gabriel, l'architecte de la place de la Concorde ; l'autre est l'œuvre de Dufour, et fut édifié sous Louis XVIII.

Les bâtiments en retraite formant le reste des ailes et les rattachant aux gracieuses façades de la cour de Marbre, œuvre charmante de Lemercier, que Louis XIV eut le bon goût de refuser de jeter bas, ont été construits par Jules-Hardouin Mansart ; abstraction faite de la dorure des toits, ils ont conservé leur aspect original. Vous y retrouvez des

LE PALAIS DE VERSAILLES.

DESSIN DE A. DEROY.

bustes d'empereurs romains décorant .les panneaux des fenêtres ; on vous y montrera, soutenu par des colonnes en marbre de Rance, le balcon en fer forgé· où Louis XVI et Marie-Antoinette durent, pour paraître devant une multitude soulevée, accepter la protection, alors puissante, de La Fayette ; vous y verrez, enfin, entre un *Hercule*, de Girardon, et un *Mars*, de Marsy, le cadran dont l'aiguille demeurait immobile, pendant toute la durée d'un règne, sur l'heure à laquelle le dernier monarque avait rendu l'âme. Ce vieil usage fut encore observé en 1824, lors de la mort de Louis XVIII.

La chapelle, séparée du pavillon Gabriel par une petite cour, a été construite par Mansart, de 1699 à 1710. L'architecte, en lui donnant cette élévation exagérée, a obéi à deux pensées : l'une d'artiste, l'autre de courtisan. Il trouvait le palais trop bas, et voulait obtenir du roi l'autorisation de l'élever d'un étage ; puis, comme Louis XIV ne devait pas aller au rez-de-chaussée de la chapelle, Mansart ne prit ses proportions que de la hauteur des tribunes.

C'était multiplier les difficultés pour les vaincre, et l'architecte a réussi à donner un grand caractère à ce vaisseau auquel l'or, le bronze, le marbre, les statues, les tableaux, les bas-reliefs ajoutent un cachet artistique d'une inappréciable richesse. Levez les yeux vers la voûte, arrêtez-les sur les trumeaux de l'attique, le magique pinceau d'Antoine Coypel vous représentera, sur l'une, *le Père Éternel dans sa gloire ;* sur les autres, *les Prophètes* et *les Évangélistes.* Au chevet, se développe la magistrale *Résurrection*, de La Fosse. Seize colonnettes soutiennent, autour de la nef, une tribune au plafond de laquelle Louis et Bon de Boullongne ont peint *les Apôtres ;* vis-à-vis du maître-autel, audessus de la tribune royale, Jean Jouvenet, d'une brosse magistrale, a représenté une *Descente du Saint-Esprit.*

Si nous entrons maintenant au musée, nous traverserons un vestibule décoré d'une œuvre allégorique de Coustou : le *Passage du Rhin par Louis XIV*, et nous pourrons parcourir une longue suite de galeries dont les innombrables peintures : batailles, marines, cérémonies, portraits, racontent l'histoire de France tout entière.

On le comprend, nous ne songeons pas à dresser un catalogue de toutes les œuvres exposées ici, ni même à tenter d'en donner une analyse. Si quelques toiles sont véritablement de belles œuvres, il en est d'autres dont la valeur artistique est médiocre. Il devait en être ainsi; on n'accumule pas une collection de plus de cinq mille tableaux, absolument composée de chefs-d'œuvre. C'est au point de vue documentaire que le musée de Versailles est véritablement curieux.

La première série se compose de onze salles dans lesquelles, peintes par Ary Scheffer, Paul Delaroche, Jollivet, Cabanel, Schnetz, Robert-Fleury, Rouget, Devéria, Couder, Parrocel, C. Roqueplan, Hersant, se déroulent sous nos yeux des scènes qui se sont passées sous les règnes de Clovis, Charlemagne, saint Louis, Charles VII, Louis XII, Henri IV, Louis XIV, Louis XV et Louis XVI. Entrées triomphales de rois dans leurs bonnes villes, batailles célèbres, sièges fameux, sacres, actes de clémence ou d'humanité, allégories inspirées par la gloire d'une conquête ou la conclusion d'une paix, vous verrez tout cela alternativement sur de grandes toiles, ou sur des panneaux de petites proportions. Les six premières de ces salles composaient, sous Louis XIV, l'appartement du duc du Maine.

Au bout de la dernière pièce, à droite, nous trouverons la galerie des tombeaux, exposition de moulages exécutés, pour la plupart, sur les monuments de Saint-Denis; ces statues de rois de France et de personnages illustres, depuis Clovis jusqu'à Louis XIV, composent un ensemble un peu froid, et tout l'intérêt du visiteur se concentre sur le superbe monument de Ferdinand V et d'Isabelle de Castille, reproduction fidèle et très artistique de l'original placé dans la chapelle royale de Grenade.

Au milieu de cette galerie, on accède à cinq salles enclavées entre les cours du Maroc et de la Bouche; elles sont consacrées à la glorification des croisades, et formaient autrefois l'appartement de quelques courtisans de la suite immédiate du monarque. Les frises et les plafonds sont décorés d'écussons aux armes des rois et des guerriers dont l'illustration remonte aux croisades. Sur les murs, vous verrez le *Couronnement de Baudoin,* par Gallait; *Gauthier de Châtillon à Minièh,* par Karl Girardet; la *Bataille de Las Navas de Tolosa,* par Horace Vernet, et d'autres tableaux encore, ayant tous rapport à la même époque et signés Hesse, Signol, Schnetz, etc.

Si nous achevons la visite de la galerie de sculpture, nous reviendrons au centre du palais, au pied de l'escalier des Ambassadeurs; dans les vestibules, nous rencontrerons des tombeaux, des bustes de rois et d'hommes célèbres par Pradier, Bosio, Crauk, Rochet, Dantan, Maindron, etc. Nous passerons rapidement à travers les salles consacrées à l'exposition des plans d'un grand nombre de combats, nous rappelant que c'est sur le seuil de l'une d'elles que Louis XV fut frappé par Damiens, le 3 janvier 1757. Vient ensuite le vestibule de Louis XIII (nous sommes dans la partie du palais qu'il a fait bâtir); il est décoré de quelques statues. Nous entrons dans la salle des Rois de France, qui contient un beau buste en bronze de Louis XII, exécuté en 1508 par Lorenzo da Mugiano, et de nombreux portraits, au-dessous desquels on trouve les signatures de Robert-Fleury, de Signol, de Tassaert, de Lehmann, de H. Rigaud, etc.

Après avoir traversé les salles dites des Résidences royales, où sont exposées de nombreuses vues de châteaux, dont les plus remarquables sont d'Allegrain et de Hubert Robert, nous nous retrouvons dans des vestibules ornés de bustes. Louis XIV, Colbert, Mansart, Cassini, Molière, La Fontaine, Boileau, Racine, Crébillon sont là sculptés par Coysevox, Pigalle, Berruer, Pajou et autres.

Nous visiterons ensuite les salles des Amiraux, des Connétables, des Maréchaux, des Guerriers célèbres. Dire comment on les nomme, c'est faire comprendre ce qu'elles contiennent; dénombrer les auteurs des peintures qui les décorent, ce serait répéter la plupart des noms que nous avons cités déjà, en ajoutant toutefois ceux de Court, de Cogniet, d'Alaux et de Philippoteaux.

Si nous passons dans l'aile du Midi, nous nous trouvons dans les galeries de l'Empire. Douze salles les composent ; en les parcourant, nous verrons se dérouler toute la grande épopée du début du siècle : Girodet nous montrera la *Révolte du Caire* ; Debret, la *Première Distribution de croix de la Légion d'honneur*, ou *Napoléon saluant le courage malheureux ;* Gros, l'*Entrevue de Napoléon et de François I*er ; Carle Vernet, *Napoléon devant Madrid ;* Rouget, son *Mariage ;* Thévenin, le *Passage du mont Saint-Bernard.* Combien d'autres encore ? nous ne saurions le dire.

Une galerie de sculpture fait pendant à celle que nous avons visitée dans l'aile du nord ; elle présente cet intérêt particulier de nous montrer les bustes d'hommes modernes : Ingres, Théophile Gautier, Carpeaux, Corot, Littré, Decamps, Ponsard, Chanzy, Sainte-Beuve, etc., etc.

Nous voici tout près de la cour des Princes et de l'entrée de la salle du Congrès ; nous allons lui faire une courte visite avant de monter au premier étage.

Cette vaste salle, en forme d'hémicycle, a été construite en 1875, par M. de Joly, pour les réunions de la Chambre des députés ; les deux grands corps de l'État s'y rassemblent maintenant quand ils se constituent en congrès pour les élections présidentielles. Elle est plafonnée d'une fresque de Rubé et Chapron ; les côtés sont ornés de tapisseries des Gobelins, et au-dessus de la tribune se développe une grande composition de Couder : l'*Ouverture des états généraux en 1789.*

Nous suivrons au premier étage une marche identique à celle que nous avons suivie au rez-de-chaussée ; et ce sont encore des galeries de peinture que nous aurons à parcourir d'abord. Celles-ci se nomment *galeries de l'Histoire de France* et ne comprennent pas moins de dix salles. Les tableaux rappellent les batailles et les événements les plus saillants depuis l'année 1797 jusqu'aux premiers jours de la monarchie de Juillet, depuis la *Bataille de Benouth,* de Langlois, jusqu'à la *Signature de la proclamation de la lieutenance par Louis-Philippe*, de Court, en passant par la *Bataille de Lutzen*, de Beaume, la *Prise du Trocadéro*, de Paul Delaroche, et le *Sacre de Charles X*, de Gérard.

Nous voici sur le seuil de la salle de spectacle transformée en 1871 en salle de séances du Sénat. Elle n'a pas été rendue à sa destination première ; les bancs et les pupitres en occupent toujours le rez-de-chaussée ; la tribune et les bureaux sont placés en avant du rideau baissé. Sur la scène est encore planté un décor de salon employé pour la dernière représentation ; derrière les portants sont installées la buvette des sénateurs et les armoires qui leur servaient de vestiaire.

L'histoire de cette salle mérite d'être contée ; nous allons nous asseoir un instant dans le foyer du roi, longue et luxueuse pièce qui, un peu sombre le jour, devait être magnifique lorsque ses nombreux lustres étaient allumés et qu'un grand feu de bois flambait dans sa monumentale cheminée.

Bien qu'il aimât les représentations théâtrales, Louis XIV n'avait pas songé à construire une salle de spectacle dans son palais ; quand il voulait entendre une comédie de Molière ou une tragédie de Racine, il les faisait jouer sur un théâtre rapidement improvisé dans quelque coin du parc, ou simplement dans une chambre sans scène. C'est sous Louis XV, en 1753, et par Gabriel que fut commencée la construction du théâtre. L'œuvre était digne du palais qu'elle complétait ; la salle était vaste et luxueuse ; la scène, haute et profonde, passait pour être aussi bien aménagée que celle de l'Opéra. La forme de la salle est ellipsoïdale ; l'ornementation, faite d'arabesques d'or et d'argent et de jolies sculptures de Pajou, s'harmonise heureusement avec un fond de marbre vert antique. Le théâtre fut inauguré le 17 mai 1770, à l'occasion du mariage de Louis XVI, alors Dauphin ; on y représenta *Persée*, opéra déjà vieux alors de Quinault et Lulli. Quand on choisissait le théâtre pour donner quelque fête exceptionnelle, on réunissait, au moyen d'un plancher mobile, la scène à la salle, et l'ensemble prenait alors ce féerique aspect dont les fins vignettistes du temps nous ont conservé le souvenir. Sous les feux de mille lumières éclataient alors les plafonds, aujourd'hui cachés, peints par Briand et Durameaux, où Vénus et l'Amour, entourant Apollon, tressaient des couronnes pour le génie.

Elle a sa place dans l'histoire de la Révolution, cette salle qui ne devait répercuter que des bruits d'orchestre, des fureurs tragiques, des concetti de comédie. C'est sur sa scène que le 2 octobre 1789, les gardes du corps offrirent aux officiers du régiment de Flandre ce banquet fameux où la cocarde tricolore fut foulée aux pieds en présence de Louis XVI et de Marie-Antoinette portant dans ses bras le jeune Louis XVII, dauphin depuis quelques mois. On sait que l'envahissement du palais fut la suite de ce banquet.

La salle resta longtemps close, abandonnée, en désordre; Louis-Philippe la fit réparer, et elle fut inaugurée de nouveau, en 1837, à l'occasion du mariage du duc d'Orléans. La dernière représentation fut donnée devant le roi d'Espagne, lors des fêtes de 1864; les comédiens jouaient *Psyché*.

Au centre d'une galerie de sculpture, que nous visitons en quittant la salle du Sénat — il faut bien lui conserver son nom actuel — nous voyons un beau groupe de Bosio, une statue du duc d'Orléans par Pradier et, tout autour, des statues et des bustes d'Étex, de la princesse Marie d'Orléans, d'Auguier, de Foyatier, du Bernin, etc. La peinture nous reprend; elle va nous retracer les principaux épisodes des campagnes d'Afrique, de Rome, de Crimée et du Mexique.

Nous retrouvons là tous les maîtres de la palette : Dubuffe, Gérome, Horace Vernet, Yvon, Pils, Beaucé, la *Bataille d'Isly*, la *Prise de la Smalah*, *Magenta*, *Solférino*, et, dans la dernière salle, à côté du *Parlement cassant le testament de Louis XIV*, le fameux *Appel des condamnés*, de Muller.

Nous entrons maintenant dans les grands appartements. Il n'y faut plus chercher le splendide et artistique ameublement qui les garnissait : meubles de Boulle (1), tapis de la

(1) Nous rétablissons ici la véritable orthographe du nom du grand ébéniste. Les travaux de MM. Nestor Roqueplan, Anatole

Savonnerie, rideaux de damas brochés d'or, mille riens précieux au point de vue de l'art, tout cela a disparu, vendu à l'encan pendant la tourmente révolutionnaire; mais le luxe décoratif et les belles proportions des pièces que nous allons parcourir nous permettront encore d'apprécier ce que pouvait être la vie dans ce magnifique palais, quand il avait des rois pour hôtes. Puis, disons-le, il n'est presque pas un de ses salons qui ne rappelle quelque grand fait accompli ou quelque habitude réglée par l'inexorable étiquette de la cour.

Voici le salon d'Hercule, au plafond duquel on voit une des plus grandes compositions picturales connues : *l'Apothéose du. dieu*, plafond peint par Lemoine, qui mesure 18 mètres et demi sur son grand côté, 17 mètres sur l'autre, et sur l'immense superficie duquel s'agitent cent quarante-deux personnages. Ce salon, décoré de marbre rouge, occupe l'emplacement des tribunes de l'ancienne chapelle ; son agencement actuel date de 1723.

Les pièces suivantes sont de plus minimes proportions et doivent leurs noms à la principale peinture dont elles sont ornées. Houasse a peint les plafonds du salon de l'Abondance et de celui de Vénus; dans cette dernière pièce, on servait la collation les lundis, mercredis et jeudis, jours d'appartement. Tout voisin est le salon de Diane, décoré par Blanchard, autrefois salle de billard, et communiquant avec le salon de Mercure, peint par Houasse, Jouvenet et Simon Vouet; cette pièce servait généralement de salle de jeu et quelquefois on y donnait des bals. Viennent ensuite le salon de Mercure, salle de jeu pour les jours d'appartement; J.-B. de Champagne en a peint le plafond; puis le salon d'Apollon, salle du trône, où Louis XIV reçut la soumission du doge de Gênes, qui, au milieu des splendeurs qui l'entouraient, n'éprouva qu'un étonnement : celui de se voir à Versailles.

Le salon de la Guerre occupe l'angle nord du palais de Louis XIII et la grande galerie des Glaces le réunit au

de Montaiglon, Charles Asselineau, etc., et les registres baptismaux du temple protestant de Charenton ne laissent subsister aucun doute à cet égard.

salon de la Paix; l'une et l'autre de ces pièces sont ornées
de peintures de Lebrun, représentant ici les nations épou-
vantées des victoires de Louis XIV, là les mêmes nations
profondément inclinées devant le roi Soleil.

En sa longueur de 73 mètres, la galerie des Glaces est
éclairée par dix-sept grandes fenêtres donnant sur les jardins et faisant vis-à-vis à un même nombre d'arcades garnies
de glaces coulées à la manufacture royale de la rue Saint-
Antoine. Des pilastres de marbre, à la base et aux chapiteaux dorés, séparent les fenêtres et les arcades; la voûte,
en plein cintre, est divisée en vingt-cinq compartiments,
tous ornés d'allégories célébrant la gloire de Louis XIV. Le
nom de Lebrun reste attaché à la décoration de cette splendide galerie.

Pourquoi faut-il se souvenir, en la parcourant, que
Louis XIV y faisait transporter son trône en certaines circonstances solennelles, qu'il y reçut l'ambassadeur du
roi de Perse, qu'il y présida la brillante fête donnée à l'occasion du mariage du duc de Bourgogne; que sous Louis XV,
en 1745, les glaces de la salle reflétèrent un millier de costumes d'une haute fantaisie lors du splendide bal masqué
donné à l'occasion du mariage de l'infante Marie-Thérèse
d'Espagne avec Louis, dauphin de France; et aussi que ses
voûtes retentirent des acclamations de toute la cour du roi
Guillaume, quand, le 18 janvier 1871, il fut investi de la
dignité impériale?

Du salon de la Paix, nous passons dans la chambre de la
Reine. Cette chambre fut successivement celle de Marie-
Thérèse, de Marie Leczinska et de Marie-Antoinette. La duchesse de Bourgogne y rendit le dernier soupir; la duchesse
d'Angoulême y vint au monde. La petite porte que vous
voyez à gauche au fond de la pièce, au-dessous d'un portrait de Marie-Antoinette peint par Mme Lebrun, est celle
par où la reine, brusquement réveillée et à demi vêtue, alla
se réfugier auprès du roi, lors des journées d'octobre 1789.

Les salons suivants sont ceux de la Reine, du Grand Couvert et des Gardes; ils sont richement décorés par Lebrun,

BAL MASQUÉ DANS LA GALERIE DES GLACES EN 1745.

DESSIN DE F. HOFFBAUER.

Michel Corneille et Coypel. Dans la dernière de ces pièces fut massacré par la foule le garde du corps qui donna l'éveil aux femmes de la reine, au début de la journée du 6 octobre.

Aux gloires de Louis XIV se substituent, dans le salon du Sacre, les gloires de Napoléon I⁽ᵉʳ⁾. La toile maîtresse qui le décore est de David, et représente l'empereur sacré par Pie VII et entouré d'une centaine de personnages du temps; au plafond, une allégorie de Callet symbolise le coup d'Etat du 18 brumaire. Nous lui préférons la *Bataille d'Aboukir*, de Gros, qui couvre un autre panneau de la pièce.

Nous passerons par la salle des Gardes du roi et par son antichambre pour gagner la salle de l'Œil-de-Bœuf, originairement chambre à coucher de Louis XIII, qui précède la chambre à coucher de Louis XIV, et où les courtisans avaient coutume de se réunir pour attendre son lever. Là s'étale un tableau de Nocret, qui dépasse en flatterie courtisanesque tout ce que nous avons vu jusqu'ici. Le roi et sa famille sont représentés sous les figures de divinités de l'Olympe : Louis XIV est Apollon; Marie-Thérèse, Vénus; Monsieur, l'Étoile du matin, ainsi des autres.

La chambre à coucher, après avoir été dévastée, comme le reste du château, a pu, sous le règne de Louis-Philippe, être reconstituée dans son état à peu près intégral. La balustrade dorée est celle qui entourait le lit royal et que nul ne pouvait franchir sans un appel du souverain; le lit, chef-d'œuvre de Delobel, est celui où il dormait; son ciel a été brodé à Saint-Cyr par les élèves de M⁽ᵐᵉ⁾ de Maintenon. Ce portrait, peu flatté, d'un vieillard est celui de Louis XIV, peint, à soixante-dix ans, par Antoine Benoist; ce buste, frais et charmant, œuvre de Coysevox, est celui de la toute gracieuse duchesse de Bourgogne. C'est dans cette chambre que mourut Louis XIV.

Après avoir traversé la salle du Conseil, nous passerons dans de petits appartements, où la première pièce que nous verrons, ornée de fort délicates sculptures, fut la chambre à coucher de Louis XV. Le salon suivant est connu sous le nom de *salle des Pendules*; la méridienne qu'on voit sur son parquet, a, dit-on, été tracée par Louis XVI. Viennent ensuite diverses pièces : le cabinet des Agates, la salle des Buffets, le cabinet de la Vaisselle du roi, la Bibliothèque de Louis XVI, salle où certains auteurs ont prétendu que se trouvait la fameuse armoire de fer à la construction de laquelle avait concouru Gamain.

Gardez-vous d'ajouter foi à cette fable, si elle vous est racontée. L'armoire de fer n'a jamais existé qu'au palais des Tuileries ; sa porte en fut scellée, s'il faut en croire le récit de Gamain, le mystérieux empoisonné, le 20 mai 1792. Six mois après, il révéla son existence à Roland, alors ministre, et, le 20 novembre, les papiers qu'elle contenait furent déposés sur le bureau de la Convention. Gamain prétendait avoir été, le 20 mai, victime d'une tentative d'empoisonnement, dont les auteurs n'étaient autres, selon lui, que le roi et la reine. Historiquement, le fait n'a jamais été prouvé ; pourtant la Convention accorda au serrurier une pension de douze cents livres, qui lui fut servie jusqu'à sa mort.

Tout en causant et presque sans nous en apercevoir, nous avons atteint les petits appartements de Marie-Antoinette. On nous a montré le couloir de communication par lequel elle s'échappa dans la matinée du 6 octobre; nous avons traversé sa bibliothèque blanche, le salon où se réunissait autour d'elle, enjouée, insoucieuse, bouchant ses oreilles pour n'entendre point le bruit de la Révolution qui grondait, cette société frivole qui suscita tant de jalousies quand la reine était encore puissante, et se dispersa si vite quand vinrent les jours terribles.

Nous entrons maintenant dans les appartements de Mme de Maintenon (1), transformés, comme tout le palais, en salles d'exposition, et où nous rencontrons une fort curieuse collection d'aquarelles; puis, après avoir parcouru la longue

(1) On sait que le mariage de Louis XIV et de Mme de Maintenon a été célébré secrètement à Versailles au mois de juin 1684. L'archevêque de Paris officiait assisté du père La Chaise, et les seuls témoins de la cérémonie étaient Louvois, Montchevreuil et Bontemps.

PALAIS DE VERSAILLES. — VUE PRISE DU PARC.

DESSIN DE F. HOFFBAUER.

galerie des Batailles, richement décorée, ornée de bustes, après nous être arrêté devant la *Bataille de Taillebourg*, de Delacroix, devant des Gérard, des Horace Vernet, des Philippoteaux, nous traversons rapidement le petit salon dit *de 1830*, que décore un beau plafond de Picot, et nous n'avons plus rien à voir au premier étage, si ce n'est une galerie de sculpture, dont les plus remarquables œuvres sont un *Maréchal de Saxe*, de Rude, un *Cardinal de Richelieu*, de Duret, et la statue de *Gasparde de la Châtre*, de François Auguier.

Le deuxième étage est tout entier encore occupé par des salles d'exposition ; portraits de rois et de grands hommes, médailles historiques, marines, batailles, baptêmes et mariages royaux, tout cela passera devant vos yeux, vous rappelant mille faits empruntés à l'histoire de nos rois depuis Charlemagne jusqu'à Louis-Philippe. Est-ce fatigue ou réellement les œuvres exposées sont-elles moins captivantes ici que dans les salles du rez-de-chaussée et du premier étage ? mais à coup sûr l'intérêt est moindre et ce n'est pas sans plaisir que l'on quitte ces salles pour retrouver le grand air et visiter le parc.

Le parc.

En entrant dans les jardins, jetons encore un coup d'œil sur la façade du palais qui les domine. Bien que construite en plusieurs fois, l'œuvre de Mansart nous surprend autant par sa grandeur que par son unité. Avec son pavillon central, ses ailes décorées de portiques, son couronnement de balustres, son développement de près de 600 mètres, ses trois cent soixante-quinze fenêtres, le palais de Versailles, vu du côté des jardins, est véritablement une des plus belles œuvres architecturales qu'il soit possible de rencontrer.

Le parc a été dessiné par Le Nôtre, mais il n'a fait que compléter, transformer et considérablement agrandir les jardins que, du temps de Louis XIII, Lemercier et Jacques Boyceaux avaient tracés. Ce *jardin français* était chose neuve à l'époque et fut imité partout. Grâce à son peuple de statues et de vases, à ses arbres taillés en pyramides, à ses pièces d'eau ornées de groupes magnifiques, à ses parterres, à ses escaliers, à ses bosquets, le parc conserve un aspect solennel qui n'est plus de notre temps; mais il faut remarquer que, par cette raison même, il demeure en parfaite harmonie avec le somptueux palais que nous venons de visiter; comme lui aussi, il ressemble à un musée immense, non à un musée fait de galeries successives, mais à une suite toujours renouvelée de manifestations artistiques.

Nous sommes encore sur la terrasse du Château; nous avons à peine eu le temps d'admirer les quatre belles statues de bronze : *Apollon*, *Bacchus*, *Silène* et *Antinoüs*, qui s'adossent au bâtiment central, que nous apercevons deux vases en marbre blanc, richement ornés de bas-reliefs par Coysevox et Tuby. Voici, devant nous, le parterre d'eau formé de deux bassins décorés, par les mêmes artistes, de la figuration de nos principaux fleuves français, et, sur leurs longs côtés, de nymphes, de zéphyrs, d'enfants gracieusement groupés tenant des fleurs ou des couronnes. Lehongre, Van Clève, Poultier, ont signé ces compositions charmantes.

Aux angles du parterre d'eau, encadrées dans des charmilles, entourées de statues, apparaissent la fontaine du Point du jour et la fontaine de Diane; elles sont toutes deux ornées de groupes en bronze fondus par les frères Keller, en 1687, qui représentent des combats d'animaux. Ces œuvres remarquables de mouvement et d'énergie sont dues aux sculpteurs Houzeau et Van Clève. Parmi les statues qui avoisinent les fontaines, *le Soir* et *l'Aube*, sculptées l'une par Desjardins, l'autre par Marsy, sont particulièrement remarquables; mais il en est une dont le charme est puissant : c'est *l'Eau*, personnifiée par une femme au regard humide, au sourire doux, dont le corps semble enveloppé de nuées. Cette ravissante conception est de Le Gros.

Un escalier, orné de sphinx de marbre montés par des enfants de bronze, descend au parterre de broderies qui, dessiné sous Louis XIII, nous conduit à travers ses arabesques, ses damiers de buis et ses corbeilles de fleurs, jusqu'à ce monumental escalier, bien fait pour les pompeux cortèges du grand siècle, au bas duquel nous nous trouverons tout près de la pièce d'eau des Suisses. Longue de 682 mètres, large de 234, elle a été creusée en 1679, par un régiment suisse; de là son nom (1). La pièce d'eau est séparée du parc par la route de Saint-Cyr. A son extrémité, au rond-point, est une statue, un *Marcus Curtius*, qui fut la dernière œuvre du Bernin et qui devait représenter Louis XIV; la statue déplut au roi et elle eût été brisée, si Girardon ne l'eût transformée. Ici, le silence est complet, la solitude profonde, les hauteurs boisées de Satory forment à l'horizon une ligne sombre pleine de mélancolie.

Nous voici maintenant devant l'Orangerie; c'est, au point de vue architectural, le chef-d'œuvre de Mansart. Rien de plus grand, dans sa simplicité, que l'aspect général; rien de plus harmonieux que les belles proportions de toutes ses parties. A la galerie centrale, longue de 156 mètres, large de 12^m,50, se relient, par des tours rondes formant saillies, deux galeries de 117 mètres, précédées d'avant-corps décorés de colonnes toscanes; l'édifice est éclairé par de hautes fenêtres, percées dans l'enfoncement des arcades; on y accède par deux escaliers dits des *cent marches,* largesde 30 mètres.

Près de l'Orangerie, dans une petite cour, nous retrouvons un modeste souvenir du Paris disparu : la statue du duc d'Orléans, œuvre assez médiocre de Marochetti, qui occupa le centre de la cour du Louvre de 1844 à 1848.

Passons rapidement par le bosquet de la Reine et la salle de bal; la disposition du premier a été modifiée sous Louis XVI, celle de la seconde est encore à peu près ce qu'elle était au dix-septième siècle.

L'allée de l'Automne s'ouvre devant nous. Nous y rencontrons le bassin de Bacchus, composé par Marsy, le quinconce du Midi, autrefois bosquet de la Girandole, orné de

(1) Avec les terres tirées de la pièce d'eau on combla un étang voisin et, sur son emplacement, on créa le potager du Roi, où La Quintinie fit des prodiges pour fournir de primeurs la table royale.

thermes en marbre, dont le Poussin a donné l'idée et que
Fouquet a exécutés; la pièce d'eau du Miroir, le bassin de

La Colonnade.

Saturne, belle œuvre de Girardon, et nous arrivons au bosquet du Roi, planté en 1816, sur l'emplacement d'une pièce
d'eau autrefois nommée *l'Isle d'amour.*

Vient ensuite la salle des Marronniers, ornée de statues antiques; puis, nous nous trouvons devant ce magnifique bassin d'Apollon, dont le centre est occupé par le char du dieu du jour, entouré de tritons, de baleines et de dauphins et tiré par quatre chevaux pleins de fougue. Ce beau groupe a été exécuté par Tuby, d'après les dessins de

Le géant Encelade.

Lebrun; malheureusement, le trop petit espace dans lequel il est placé justifie un peu le surnom de *Char embourbé*, que lui a donné la raillerie populaire.

Si nous retournons vers le palais, nous avons sous les yeux le tapis vert, large pelouse bordée de statues et de vases. Le bassin de Latone fait, à son extrémité, pendant au bassin d'Apollon; il est flanqué, sur les côtés, de magnifiques bosquets; d'un côté les Dômes, de l'autre la Colonnade, œuvre ravissante avec ses belles arcades en plein cintre, ses chapiteaux de grande allure, décorés de masques, de naïades, de sylvains, ses bas-reliefs où jouent les amours,

Bains d'Apollon.

ses bassins d'où l'eau jaillit et retombe en nappe, et son groupe central, l'*Enlèvement de Proserpine*.

Près du bosquet des Dômes, longtemps abandonné mais restauré maintenant, le géant Encelade, de Marsy, accablé sous les roches qu'il a amassées pour escalader le ciel, dresse encore vers lui sa tête farouche et menaçante.

Au-dessous du bassin d'Apollon, nous avons sous les yeux la perspective du grand canal, fuyant sur une longueur de 1250 mètres, et formant une croix dont les bras rejoignent Trianon à droite et la Ménagerie à gauche. Elle est silencieuse et paisible aujourd'hui, cette masse d'eau immense; sous Louis XIV, elle était constamment parcourue par de luxueuses embarcations pavoisées, illuminées, chargées d'orchestres et promenant le roi et sa brillante suite de seigneurs et de grandes dames vêtus magnifiquement.

Que de belles choses à voir encore. Ici, les bassins de l'Obélisque, de Flore, de Tuby, et celui de Cérès, de Regnaudin; là, le bosquet de l'Étoile; plus loin, près du Rond-Vert, le bosquet des bains d'Apollon, dont le décor, imaginé par Hubert Robert, est fait de rochers entassés et d'arbres poussant en liberté, et encadre un groupe mythologique conçu dans le plus pur esprit du dix-septième siècle et symbolisant à la fois la toilette du dieu et le coucher du grand roi.

Apollon, c'est naturellement Louis XIV; des nymphes aux physionomies aimables, aux attitudes gracieuses, versent l'eau dans une aiguière, essuient les pieds du dieu, versent des parfums sur ses mains, dénouent ses vêtements, tandis que les tritons conduisent les coursiers du Soleil vers deux grottes latérales.

La composition, comme tout ce que nous rencontrons ici, se recommande par son caractère de grandeur et de majesté; plusieurs artistes ont concouru à ce magnifique ensemble: Girardon, Regnaudin, Guérin et Marsy.

Arrêtons-nous un instant au parterre de Latone, entouré de grands vases en marbre blanc sculptés d'après l'antique, et nous jetterons un coup d'œil sur le bassin que nous n'avons fait qu'apercevoir de loin tout à l'heure.

Son centre est décoré encore d'une composition mythologique fort bien conçue et d'un admirable effet : Latone et ses enfants, Apollon et Diane, ayant demandé vengeance à Jupiter contre les paysans lydiens qui n'avaient point voulu leur donner à boire, le maître des dieux transforme ceux-ci en animaux aquatiques, grenouilles, lézards, tortues, qui, lorsque les eaux jouent, lancent vers la déesse toute l'eau qu'ils lui ont refusée quand ils étaient hommes encore.

Nous n'en finirions pas si nous voulions énumérer toutes

Le Char de la France triomphante.

les œuvres d'art remarquables qu'on peut rencontrer dans ce parc immense. Nous ne pouvons nous dispenser pourtant de signaler le *Rémouleur*, de Foggini, la *Vénus pudique*, de Coysevox, les fantaisies charmantes dont sont

décorés les vases qui ornent le parterre du nord, les sirènes
et les tritons, de Lehongre et Tuby, escortant la fontaine de
la Pyramide; et, pour finir, nous allons nous arrêter un
moment devant le bassin de Neptune. Mais avant nous verrons, dans son voisinage, près du bassin du Dragon, à l'extrémité de l'allée d'eau, les bosquets des Trois Fontaines et
de l'Arc de triomphe; le premier avait perdu son antique

Un groupe du bassin de Neptune.

décoration, elle a été rétablie; dans le second, joli jardinet sablé, enfoui dans les grands arbres, décoré de
bustes, de groupes, et bien connu des jeunes mères, on voit
encore, formant un groupe harmonieux, les figures de la
France, assise sur un char, le sceptre en main, l'écusson
fleurdelisé au côté, de l'Espagne, appuyée sur un lion, de
l'Allemagne, un lourd Teuton assis sur un aigle, ces figures
représentant la triple alliance; les deux premières sont

dues à Tuby, la dernière à Coysevox. Un dragon qui se tord expirant sur une marche de marbre complète la décoration symbolique. Le bassin de Neptune est le plus curieux de tous ceux qui décorent le parc, c'est la merveille des grandes eaux; éblouissant quand elles jouent, il demeure admirable dans le silence et l'immobilité. Neptune, son trident en main, occupe le centre de la composition; Amphitrite et Protée sont à ses côtés. Le dieu domine toute sa cour de tritons, de monstres et de néréides; l'Océan, porté par un poisson fabuleux, et deux petits génies joyeux, montés sur de formidables dragons, se jouent à ses pieds; sur les larges tablettes formant bordure s'étagent des vases et des groupes intercalant des jets d'eau.

Commencée au dix-septième siècle, par Girardon, sur les dessins de Perrault, cette splendide décoration a été terminée par les premiers maîtres du siècle suivant : Adam l'aîné, Bouchardon et Le Moyne.

En quittant le bassin de Neptune, nous prendrons l'allée du Petit-Pont, et sous de silencieux ombrages, nous gagnerons les Trianons.

Les Trianons.

Quand, vers 1663, Louis XIV acquit Trianon, c'était, depuis des siècles, une paroisse de bûcherons appartenant à l'abbaye de Sainte-Geneviève. En quelques mois, Dorbay y construisit d'abord le joli pavillon, décoré de faïences peintes, que Saint-Simon appelait la *maison de porcelaine* ; puis, en 1687, Mansart et Robert de Cotte furent chargés de le remplacer par le palais actuel. Très engoué d'abord de cette résidence nouvelle, le roi ne tarda pas à l'abandonner et, à partir de 1700, il n'y fit plus que de rares apparitions.

Louis XV créa, près du château, un jardin botanique que les expériences de Bernard de Jussieu ont rendu célèbre ; puis, en 1766, Gabriel construisit, sur son ordre, le Petit-Trianon. Quand Louis XVI monta sur le trône, ce petit château devint la propriété de Marie-Antoinette, et Hubert Ro-

L'ALLÉE D'EAU ET LE BASSIN DE NEPTUNE.

DESSIN DE A. TOUCHEMOLIN.

bert, Deschamps et le jardinier Antoine Richard créèrent, sur les ordres de la reine, le hameau que nous visiterons tout à l'heure. La reine affectionnait particulièrement ce séjour ; en compagnie du comte d'Artois, des Polignac, des Vaudreuil, des Coigny, des d'Hénin, des Crussol, elle se livrait à une vie factice de villageoise.

Vers la fin du siècle dernier, un limonadier loua le Petit Trianon ; il en fit un jardin public, y installa un restaurant, donna des fêtes où les premières ascensions aérostatiques de Garnerin attirèrent la foule.

Napoléon reprit les Trianons et les fit meubler ; c'est là qu'il se retira le jour de la dissolution de son premier mariage.

Complètement abandonné sous la Restauration, Trianon fut, sous Louis-Philippe, le théâtre des fêtes célébrées à l'occasion de l'union de la princesse Marie avec le duc de Wurtemberg, en 1837. Plus tard le Petit-Trianon devint une résidence du duc d'Orléans. Enfin, souvenir plus récent, le vestibule du grand château servit de salle des séances au conseil de guerre qui condamna Bazaine à mort.

Le palais du Grand Trianon est composé de trois bâtiments bordant une cour ; ils n'ont qu'un rez-de-chaussée et point de toits apparents ; la blancheur mate de la pierre est rehaussée par les chaudes nuances des pilastres de marbre, encadrant les fenêtres cintrées ; une balustrade, que décoraient jadis des groupes de génies, couronne heureusement l'édifice.

Les appartements ne renferment plus que des restes du somptueux mobilier d'autrefois. Des pendules, des sculptures, des vases de Sèvres, des groupes en terre cuite, un grand nombre de portraits et de peintures de Boucher, de Jouvenet, d'Oudry, de Restout, de Coypel, de Van Loo, de Rigaud, de Desportes, de Lafosse, etc., y forment encore un petit musée qui mérite d'être parcouru.

Dans une salle située en dehors du château, on vous montrera des traîneaux ayant servi à Mme de Maintenon, les chaises à porteurs de Marie Leczinska et de Marie-Antoinette, ornées de peintures de Watteau et de J. Vernet, la voiture qui servit lors du mariage de Napoléon Ier, celle qui conduisit Joséphine à la Malmaison quand son divorce fut prononcé, celle du baptême du duc de Bordeaux, bien d'autres encore, et enfin d'assez curieuses esquisses peintes, représentant les livrées des gens de la maison du roi.

Dans les jardins comme dans le parc, vous rencontrerez des bassins, des statues, des groupes, des fontaines.

Le Petit Trianon n'est, lui, qu'un pavillon de peu d'étendue ; ses façades sont décorées de colonnes et de pilastres d'ordre corinthien. Il est assez gracieux d'aspect ; son intérieur a été commodément aménagé sous Louis-Philippe, mais l'ensemble n'a pas le grand caractère des belles constructions du temps de Louis XIV. Dans les appartements, vous verrez de belles peintures de Natoire, Dejuine, Lépicié, Paveur, et un beau buste de Louis XVI signé Pajou.

La chapelle, séparée du palais, se trouve à gauche de la porte d'entrée ; sur son maître-autel on voit un beau tableau de Vien : *Saint Louis visitant saint Thibault*.

La curiosité du lieu est ce hameau dont nous avons parlé tout à l'heure et dont, disons-le franchement, la composition nous semble un peu frivole et très enfantine. Grandissez, par la pensée, ces jouets d'enfants représentant une laiterie, un moulin, un presbytère, une maison de bailli, une ferme, une laiterie, une maison de garde ; répandez tout cela dans un jardin magnifique, sur le bord d'un petit cours d'eau, et vous aurez ce hameau cher à Marie-Antoinette, où Louis XVI était meunier, où la reine était fermière, où le comte d'Artois était bailli, tandis que le trône tremblait sur sa base et que l'héritier présomptif de la couronne agonisait à Meudon. Les seules constructions véritablement artistiques du lieu sont le temple de l'Amour, le pavillon de musique et le théâtre. Le temple de l'Amour s'élève au milieu d'une île et sa coupole abrite une répétition de l'œuvre de Bouchardon : *L'Amour se taillant un arc dans la massue d'Hercule*. Le pavillon de musique est ce gracieux édicule que vous voyez à droite de notre gravure ; ainsi que le

LE GRAND TRIANON.

DESSIN DE H. SAINTIN.

LE PAVILLON DE MUSIQUE ET LE PONT DES ROCHERS (JARDIN DU PETIT TRIANON).

DESSIN DE A. TOUCHEMOLIN.

temple de l'Amour et le théâtre, il a été construit par Mique.
Le théâtre est à peu de distance du pavillon ; vous reconnaîtrez sa façade aux colonnes ioniennes qui la décorent, à
son fronton d'où s'envole un amour brandissant une lyre et
une couronne de lauriers. La salle qui peut contenir trois
cents personnes est blanc et or ; elle a un parterre et deux
galeries ; têtes de lion, manteaux d'Hercule, branches de
chêne, nymphes dorées s'enroulant en torchères de chaque
côté de la scène, plafond mythologique peint par Lagrénée :
voilà pour la décoration.

Le théâtre fut pendant quelques années le grand attrait
de Trianon et la principale préoccupation de la reine. Les
représentations inaugurées le 1er août 1780 cessèrent le
19 août 1785. Parmi les pièces qui furent jouées — royale-
ment mal jouées, ont dit des mauvaises langues du temps
— nous citerons *la Gageure imprévue, le Roi et le Fermier, le
Devin du village* et, enfin, *le Barbier de Séville.*

Dans le hameau, près de la maison du bailli, non loin de
la tour de Marlborough, un peuplier d'Italie, brisé par le vent
en 1880, montre encore son tronc énorme et quelques branches feuillues ; on assure que cet arbre fut planté sous
Louis XV, par Marie-Antoinette alors dauphine.

En quittant le Petit Trianon, et pour finir cette longue
promenade sur une douce impression, nous visiterons le
jardin des Fleurs. Créé en 1850, par M. Charpentier, il
réunit une fort curieuse collection d'arbres ; le pin gigantesque (il n'a pas encore atteint les 100 mètres de hauteur
qu'il aura un jour) se dresse entre le chêne pyramidal, le
chêne-liège et celui de Gibraltar, des arbres grecs et cali-
forniens. Les fleurs s'épanouissent en grand nombre, tapis-
sant les murs, dessinant des corbeilles aux couleurs éclatantes et formant, rhododendrons, azalées, plantes de terre
de bruyère, une des plus belles collections qu'on ait encore
réunies.

Nous avons visité Versailles ; il nous reste d'intéressantes
promenades à faire dans sa banlieue. Saint-Cyr, la vallée
de Chevreuse, Marly-le-Roi nous parlent, l'un d'histoire et

10

d'institution, l'autre de campagne agreste ; le dernier nous invite à jouir des charmes d'une excursion forestière avec la perspective d'une descente jusqu'aux bords de la Seine. C'est vers Marly que nous dirigerons nos pas, et dans notre prochain chapitre nous ferons faire à nos lecteurs un peu moins de chemin qu'en celui-ci ; mais nous n'en doutons pas, ils pourront, si nous avons le bonheur de traduire fidèlement nos impressions, nous suivre encore avec intérêt.

DE VERSAILLES A BOUGIVAL

ITINÉRAIRE

Le Petit-Chesnay : mairie ; **Le Chesnay** : église Saint-Germain ; Rocquencourt : le château, le Tillet ; **Bailly** : le château, église Saint-Sulpice ; **Noisy-le-Roi** : mairie, château, église ; **Forêt de Marly** : château de Joyenval, le Désert ; **Fourqueux** : église ; **Mareil-Marly** : église Saint-Étienne ; **l'Étang-la-Ville** : église, château, l'Auberderie, la Montagne ; **Marly-le-Roi** : Mes Délices, villa Montmorency, église Saint-Vigor, l'Abreuvoir, château ; **Port-Marly** : château des Pavillons, Champflour, église Saint-Louis, château des Lions, machine de Marly, le Raidillon, le pavillon de la Du Barry, l'aqueduc de Marly, les Voisins, château ; **Louveciennes** : église Saint-Martin, le Bois-Brûlé ; **Saint-Michel, Bougival** : le monument, église, mairie, moulin de la Machine, pont de Bougival, maison Souvent ; **la Chaussée** : pavillon de Blois, les Frênes ; **la Maison Rouge**.

TROISIÈME EXCURSION

Le Chesnay, Rocquencourt, Bailly, Noisy-le-Roi.

Reprenant la suite de nos excursions, nous allons nous diriger vers Marly-le-Roi.

Le Petit-Chesnay, que nous traversons en sortant du faubourg Saint-Antoine, n'en est en quelque sorte que le prolongement. Il s'est enrichi, en ces dernières années, d'une assez belle mairie que vous verrez au milieu de la rue centrale. Le Chesnay lui fait suite et, comme lui, est à peu près exclusivement habité par des blanchisseurs et des horticulteurs. Son église Saint-Germain, réédifiée en 1858-1859 par les soins de M. Gallois, est à la fois sa paroisse et celle de Rocquencourt. Elle se compose d'une nef écrasée sous un plafond cintré, de deux bas côtés clairs et d'un chœur obscur. Le pays a deux châteaux : le Chesnay, qui appartient au baron Carnel de Saint-Martin, et Bel-Air, qui fut la propriété du docteur Ricord.

Quelques centaines de mètres nous séparent de Rocquencourt; tout en les parcourant, nous rappellerons que ce pays fut, en 1815, le théâtre de la dernière victoire remportée par l'Empire expirant. L'honneur de ce fait d'armes, où les régiments de Brandebourg et de Poméranie, les plus beaux de l'armée prussienne, furent à peu près anéantis, revient au général Excelmans, habilement secondé par le lieutenant-général Stoltz, les maréchaux de camp Berthe et Vincent, les colonels de Briqueville et de Saint-Arnaud, etc. C'est à la suite de cette *frottée* (la bataille de Rocquencourt s'appelle encore ainsi dans le pays) que les Prussiens redescendirent jusqu'à Port-Marly et se livrèrent aux actes de vandalisme que nous aurons l'occasion de rappeler quand nous passerons dans ce village.

Quant à Rocquencourt, c'est une très vieille bourgade qui n'a guère plus de 300 habitants, et doit son nom, s'il faut en croire les chroniqueurs, à un certain Roccon, patrice du royaume, qui, vers l'an 678, y possédait une maison de campagne. Aujourd'hui, c'est un village où les splendeurs de l'opulence et les modesties de la rusticité se mélangent sans se heurter, et semblent se sourire sans morgue et sans envie. Ici, les poules picorent dans les rues et, quand un passant surgit, rentrent sans se presser dans l'un des petits jardinets qui précèdent les humbles maisonnettes; ailleurs s'élèvent de somptueuses demeures entourées de jardins spacieux, où le soleil jette, à travers les feuilles, une foule de points lumineux sur des vitres de serres monumentales. Une des plus belles propriétés du pays est le château dont vous apercevrez sur une éminence, au milieu d'un beau parc, la blanche façade, le péristyle à colonnes couronné d'un fronton sculpté et la terrasse à l'italienne, d'où la vue s'étend sur Versailles, Trianon, le val de Gally, embrassant une plaine riche et fertile qu'encadrent la forêt de Marly au nord, et les bois de Saint-Cyr au sud. Ce château, construit en 1786, appartint à Louis XVIII, alors qu'il était comte de Provence; il est aujourd'hui la propriété de Mme Furtado-Heine. Au bout du pays, à l'angle d'une route qui nous ramènerait à Versailles, un grand haras — industrie privée — dresse sa longue suite de bâtiments en briques, gais de couleur et de forme élégante.

La route qui va nous conduire à Bailly s'ouvre large devant nous; le drapeau d'une gendarmerie départementale flotte au milieu des dernières maisons, puis la plaine s'étend à notre gauche, ensoleillée, piquée de bouquets d'arbres, accidentée de petits bois, bordée de collines dont les sommets se confondent doucement avec la ligne d'horizon. Un mur blanc borne pendant quelque temps notre vue à droite, puis nous rencontrons la belle propriété nommée *le Tillet*, château moderne construit au fond d'un grand parc.

Au sommet d'une côte, Bailly entasse, en un pittoresque désordre, ses toits gris et rouges, ses pignons anguleux, le clocher de son église et les hauts combles du château qui l'avoisine. Ce château, propriété de M. Laferrière, s'est substitué à l'ancienne demeure seigneuriale. Pénétrons dans l'église. Elle est dédiée à saint Sulpice, et l'on s'accorde généralement à faire remonter sa construction aux premières années du dix-septième siècle. Nous voulons bien accepter

Porte Maintenon à Noisy-le-Roi.

l'opinion adoptée ; mais, à coup sûr, l'édification de l'édifice a dû être longue et les plans primitifs modifiés avant son achèvement. Autant est banale la nef rectangulaire à plafond plat qui paraît être la partie la plus ancienne de la construction, autant est charmant le chœur de style ogival, accosté de bas côtés formant chapelles. Ce chœur fut bâti par les ordres et sous l'inspiration de Mme de Maintenon. Conséquemment, il doit être postérieur à la nef d'environ soixante-dix ou quatre-vingts années. Bien que de petite dimension, il constitue en son ensemble un fort gracieux morceau d'architecture. Par malheur, ses murailles, ainsi que toutes celles de l'église au reste, sont couvertes de cet affreux badigeon laiteux qui déshonore tant de monuments religieux.

Bailly est gai mais non bruyant; industriel un peu, nous y avons rencontré une distillerie et une féculerie. Dans sa partie haute presque entièrement occupée par des maisons de campagne, il prend l'aspect d'une petite ville occupée par des bourgeois aisés; ailleurs, il a conservé son cachet antique.

Le chemin que nous suivons nous conduit à Noisy-le-Roi, et nous entrons dans le village par son plus séduisant côté; ici, les maisons sont propres, les boutiques presque coquettes. Voici toutes neuves, construites en moellons, pierres et briques, simples mais de bon aspect, la mairie et les écoles, et parmi les maisons de plaisance dont les 700 habitants de Noisy sont fiers, on nous en signale une qui appartient à l'évêque de Versailles. C'est une joie pour la localité quand le prélat vient s'y reposer pendant quelques jours.

Tout en faisant le tour du pays, nous nous rappelons qu'il eut autrefois ses seigneurs et son château. Des seigneurs, il ne reste qu'un vague souvenir; du château, il subsiste quelques ruines à l'entrée de la forêt; la plus intéressante est la porte que représente notre gravure. Elle découpe magistralement ses belles proportions, ses volutes élégantes, la coupe hardie de son arcade centrale sur le fond vert des arbres voisins. Elle donnait accès au domaine où se logea l'institution de Mme de Maintenon, l'illustre maison de Saint-Cyr, avant de prendre possession de son domicile définitif(1).

Noisy a son château moderne, qui appartient à M. Delafontaine; l'église, bâtisse insignifiante qui paraît remonter au commencement du dix-huitième siècle, se cache au fond d'une petite place au bout de laquelle une rue étroite, boueuse, bordée de grands murs, nous conduit à un carrefour dont un puits banal occupe le centre et que décore,

____

(1) Avant d'habiter Noisy le-Roi, *les brebis de Mme de Maintenon* avaient été logées à Montmorency, puis à Rueil.

au fond, la porte dont nous avons parlé. Tournons-en le loquet et entrons dans la forêt de Marly.

Forêt de Marly, Fourqueux, Mareil-Marly, l'Étang-la-Ville.

La forêt de Marly était, il y a trente ans encore, une des plus belles des environs de Paris ; hautes futaies, arbres séculaires, carrefours étoilés de larges routes, taillis giboyeux, clairières souriantes, sombres fourrés, longues perspectives, on y rencontrait tout cela et, sur les 2 254 hectares qu'elle couvre, on pouvait s'égarer pendant des journées entières, toujours certain de faire d'attrayantes promenades. Tout est changé maintenant. Le dernier empire a pratiqué des coupes importantes — au point de vue du pittoresque, on serait tenté de dire de véritables mutilations. De plus, la forêt est émaillée de nous ne savons combien de redoutes, flanquées de disgracieux baraquements : batteries de l'Aubarderie, des Arches, de Noisy, du Trou d'Enfer, du Champ-de-Mars, de Marly, nous en omettons peut-être. La forêt n'est plus qu'un vaste camp retranché ; à chaque instant, dans ses multiples éclaircies, apparaissent les talus d'un fort, les tristes pignons et les toits rouges d'une baraque militaire, caserne ou magasin.

Mais ne poussons pas trop loin le pessimisme ; peut-être notre mauvaise humeur vient-elle un peu de l'obligation où nous sommes de suivre constamment des voies tracées, tous les sentiers qui tenteraient notre rêverie étant fermés aux promeneurs et flanqués à leur entrée de poteaux portant cette inscription dont la seconde partie engage à tenir compte de la première : *Route interdite, pièges tendus*. Néanmoins, fuyant le plus possible les travaux incontestablement utiles du génie militaire, on peut encore découvrir dans la forêt bien des coins séduisants : inextricables fourrés, dévallements inattendus, sites inondés de lumière, antres ensevelis dans l'ombre mystérieuse, arbres superbes et plusieurs fois centenaires ; on rencontre encore tout cela à Marly, et aussi

la Haute-Pierre, un dolmen qui prouve que les druides ont
passé par là. Il est certain de plus que l'amateur de plaisirs
cynégétiques peut satisfaire largement sa passion ; lièvres,
lapins de garenne et faisans pullulent, et — ceci est une
manière de parler — sollicitent le coup de fusil. Prochainement même, grâce à l'initiative de M. Recopé, inspecteur
des forêts, les tirés de Marly s'enrichiront d'un gibier nouveau. Nous voulons parler du dindon sauvage d'Amérique,
qu'on essaie actuellement d'acclimater. C'est un magnifique
oiseau qui pèse parfois 30 livres, et dont la chair est extrê-
mement savoureuse.

A l'extrémité de la forêt s'élève le château de Joyenval ;
il occupe l'emplacement de l'abbaye des prémontrés que
Barthélemy de Raye et sa femme, fille de Simon III, comte
de Montfort, avaient fondée en 1221 et qui florissait encore
à la fin du dix-septième siècle. Près de Joyenval est le
Désert, construction à la fois chinoise et gothique d'un
goût douteux, en somme, mais entourée d'un beau jardin et
située dans un site ravissant. Le Désert, très fréquenté et fort
admiré au siècle dernier, était la maison de plaisance d'un
riche fermier général, M. de Monville.

Nous sommes entré dans la forêt par Noisy-le-Roi ; nous
allons, en la quittant, passer dans l'unique rue de Fourqueux. Les seigneurs jouissaient ici jadis du droit de haute,
moyenne et basse justice. Il ne reste rien de leur demeure,
et c'est une maison moderne qui remplace le château édifié
au dix-septième siècle, et que Chénier et Lebrun ont, dit-on,
habité.

L'église, dominée par un clocher que surmonte une pyramide en pierre, est intérieurement du treizième siècle.

A peu de distance au sud, sur une hauteur dont les versants sont couverts de vignes, nous apercevons un petit village encore ; l'aspect riant de ses maisons blanches, le clocher roman qui les domine, nous attirent. Son nom même
résonne doucement à l'oreille : c'est Mareil-Marly, célèbre
déjà au temps de Thierry III, dont on connaît une charte de
l'an 678 qui donne à l'abbaye de Saint-Wandrille les vigno-

bles de Mareil, de Marly et du Pecq. Atteignons le centre
du bourg, arrêtons-nous devant l'église Saint-Étienne et nous
ne regretterons point nos pas. Nous avons sous les yeux un
joli petit temple ogival, construit aux douzième et treizième
siècles, complété par une flèche en 1876; deux portiques
gracieux donnent accès à l'intérieur, qu'une curieuse rose
décore. Là, l'ensemble est harmonieux de lignes, séduisant
d'aspect; la pierre est d'une blancheur douce, les colonnes
séparant la nef des bas côtés sont couronnées de chapiteaux
agréablement historiés; l'œil, au sommet de l'édifice, suit
avec plaisir les courbes des élégantes voussures.

Mareil-Marly domine un coteau ; l'Étang-la-Ville s'enfouit
dans un vallon ; de loin, on n'aperçoit que le clocher du
village, carré à la base et pyramidal au faîte. L'Étang-la-
Ville est encore une de ces communes, fréquentes à rencontrer en ces parages, où 400 habitants vivent à l'ombre
des bois voisins en de rustiques maisons. L'église, construction des onzième, douzième et quinzième siècles, mérite
une visite ; elle offre, de cette dernière époque, une voûte
dont les nervures, un peu maigres peut-être, mais jolies
quand même, sont sculptées en branches d'arbre. Les
Séguier, les Chamillart, les Fontan de Vaugelas ont été seigneurs du pays ; le chef de cette dernière famille est inhumé
dans l'ancienne chapelle seigneuriale qu'on voit à gauche
du chœur, et dont la voûte est soutenue par des culs-de-
lampe représentant les évangélistes. Ce Fontan de Vaugelas
était un singulier philanthrope. Il a laissé à la commune,
et elle en jouit encore, une rente perpétuelle et inaliénable,
« afin de soulager les habitants fainéants et gourmands, et
d'en acquitter la taille ». Nous pensons que le bureau de
bienfaisance de la localité fait aujourd'hui de ces fonds un
plus judicieux emploi. Le château de l'Étang-la-Ville a été
acquis, en 1862, par M. Jacques Alléon, descendant des
Fontan ; il appartient, depuis plusieurs années, à la famille
Adam. Au sud du village est une propriété connue sous le
nom de l'Auberderie, qui fut habitée jadis par la duchesse
de Richelieu.

Après avoir longé le cimetière et parcouru pendant quelques instants la plaine fertile dont les lointains se couronnent de bois frémissants, nous passons par le hameau de la Montagne, groupe de fermes dépendant de la commune de l'Étang-la-Ville, et traversant la voie ferrée, nous ne tardons pas à atteindre les premières maisons de Marly-le-Roi.

Marly-le-Roi.

En entrant à Marly, nous n'avons que peu de chemin à faire pour gagner la place où s'élèvent l'église Saint-Vigor, la jolie maison de campagne de M. Boissaye nommée *Mes délices,* et la villa Montmorency, propriété de M. Victorien Sardou.

La grille monumentale de cette dernière s'ouvre à droite de la place; c'est une belle pièce de serrurerie; elle a été dessinée par le propriétaire actuel sur le modèle de celle du potager de Versailles; elle permet de voir les dix grands sphynx accroupis qui semblent garder l'entrée du magnifique jardin qu'une grande orangerie limite à droite. Ces sphynx qu'on croit en granit, sont en réalité faits avec du ciment composé d'ocre rouge et de marbre noir. Ils figuraient au Champ-de-Mars, en 1867, à l'exposition d'Égypte. La maison, très confortable, semble être une construction du siècle dernier; Blouin, gouverneur de Marly, l'a habitée, et, particularité peu connue, le décor de la jolie gravure de Saint-Aubin intitulée *Bal paré* n'est autre que le grand salon du rez-de-chaussée; mais, bien qu'on y puisse voir une chambre qu'habita Chénier, la véritable attraction n'est pas dans les bâtiments. Ce que nous souhaiterions que nos lecteurs pussent visiter, ce sont les curiosités historiques, archéologiques et artistiques, que M. Victorien Sardou a réunies là. Collectionneur passionné, chercheur infatigable, amateur judicieux en ses choix, le propriétaire de la villa Montmorency a composé une sorte de musée où le meuble, l'estampe, le bibelot, la curiosité à laquelle un souvenir s'attache, sont représentés par les plus réellement purs de leurs types. Affiches et costumes de l'époque révolutionnaire, clefs, rampes d'escalier de maisons historiques, armes, instruments, vaisselle, gravures, souvenirs de la maison où mourut Corneille, rue d'Argenteuil, porte de la maison de Danton, cour du Commerce, balcon du cabinet de Louis XVI aux Tuileries, colonne ornée de fleurs de lis provenant du même château; pièce de toute rareté, Vénus d'Allegrain ayant appartenu à Mme de Pompadour, pendule Louis XVI venant du palais de Fontainebleau et jouant des airs de Grétry, tableaux de Martin rappelant l'ancien Marly, aquarelles d'Hoffbauer représentant des sites du vieux Paris et bien d'autres choses encore, vous trouverez tout cela dans les collections de l'auteur de *Patrie*.

Mais si intéressante que soit la contemplation de ces merveilles, il faut nous y arracher et reprendre notre marche.

Entrons à l'église Saint-Vigor ; sa façade rappelle un peu celle de Notre-Dame de Versailles ; quant à l'intérieur, peu curieux, il se compose de trois nefs larges, mais écrasées. Quelques copies et quelques vieux tableaux décorent les murs; l'un de ces derniers, placé au fond du bas côté gauche, est un *Ensevelissement du Christ* peint sur bois ; il porte la date de 1512, et présente un réel intérêt artistique (1).

En quittant Saint-Vigor, nous descendons la Grande-Rue ; elle est étroite, tortueuse et, comme toutes les ruelles du village, bordée de maisons basses, aux boutiques exiguës ; de-ci de-là, on aperçoit, reste des splendeurs passées, quelques façades à mascarons, quelques balcons en fer forgé curieusement exécutés, et aussi, barrant la vue, plusieurs

(1) Marly-le-Roi avait autrefois deux paroisses qui, sous Louis XIV, furent réunies en une seule ; l'église de Marly-le-Bourg disparut ; celle de Marly-le-Châtel, qui tombait en ruines, fut reconstruite où nous la voyons par les ordres du roi. Quant à la villa Sardou, elle est bâtie sur l'emplacement du château féodal qui appartenait aux cadets de Montmorency ; de ce château détruit pendant la guerre de Cent Ans, il ne restait plus que le donjon sous Louis XIV.

vieilles enseignes peintes sur tôle et grinçant au vent, au bout de leurs potences en fer. Les rues portent les noms des personnages célèbres qui ont habité Marly, depuis Thibaut de Lévis, un saint dont l'abbaye de Cernay a conservé la pierre tombale, jusqu'à Mélesville, un vaudevilliste qui a fait rire toute une génération ; depuis l'antiquaire Pellerin, né à Marly en 1684, jusqu'au romancier Saintine, qui y mourut en 1865, sans oublier l'architecte Mansart, mort aussi à Marly en 1708 dans l'appartement qu'il occupait aux communs du château.

La Grande-Rue débouche sur l'avenue Fitz-James, vis-à-vis la porte du Bourg, qui était autrefois l'une des entrées du domaine royal. Cette porte a conservé sa grande allure dix-septième siècle, quelques belles sculptures la décorent encore ; mais celles qui ornaient le fronton, les armes royales sans doute, ont disparu. En descendant l'avenue Fitz-James que le mur du parc borne à droite, nous rencontrons, à gauche, la maison où demeura jadis la tragédienne Rachel et où la comtesse de Fitz-James, rangeant sa bibliothèque à la lueur d'une bougie, enflamma ses vêtements et mourut dans d'horribles souffrances.

Nous voici maintenant devant l'abreuvoir ; c'est le seul reste de la magnifique demeure qui fit la célébrité du pays. Elle a grand air encore, cette ruine grise, avec ses pierres disjointes, sa ceinture de bornes, sa nappe d'eau dormante et le mince filet d'eau qui fait, en coulant mélancoliquement au fond, un bruit perceptible à peine quand retentit la trompe du tramway qui vient de Port-Marly. C'est en écoutant ce murmure du passé que nous allons évoquer rapidement les souvenirs du pays et essayer de reconstituer, dans la mesure du possible, la magnifique résidence où Mme de Maintenon put parfois se croire la véritable reine de France.

Si le cliché n'était usé, nous dirions que l'origine de Marly se perd dans la nuit des temps. Il est certain que la localité, village égaré dans un véritable désert, existait dès les premiers siècles de la monarchie. Ce n'était rien autre alors que ce *Marliacum* (de *marla*, terre grasse), que cite, en 678, cette charte de Thierry III dont nous avons parlé à propos de Mareil-Marly, et que nous aurons l'occasion de rappeler encore quand nous visiterons le Pecq.

Dès le dixième siècle, Marly avait ses seigneurs, et l'histoire a conservé le nom de l'un d'eux. C'était un certain Hervé, dont le fils, Bouchard le Barbu, devint, nous avons dit ailleurs en quelle circonstance, le chef de la maison de Montmorency (1). Les Bouchard restèrent titulaires de la seigneurie de Marly jusqu'en 1356 ; le domaine passa alors aux Lévis, puis, plus tard, à la famille de Bossuet. Elle était érigée en baronnie depuis vingt-trois ans, lorsque, en 1676, Louis XIV l'acheta aux créanciers de Bossuet et augmenta le domaine d'acquisitions et d'échanges faits avec Phélipeaux de Pontchartrain (2).

Dès qu'il eut acquis Marly, le roi résolut d'y faire construire une maison de campagne, un ermitage, comme on disait alors. Il ne trouva, sur le terrain qu'il voulait employer à cette édification, que des bois, des sources assez nombreuses pour former une petite rivière qui se jetait dans la Seine à Port-Marly, et de fangeux marécages. Certes, tout cela pouvait constituer de sérieux obstacles ; mais quels obstacles résistaient alors à la volonté royale ? Mansart, appelé, reçut l'ordre de dresser les plans ; Durusé fut chargé de dessiner les jardins ; Lepautre, Coysevox, Slodtz fouillèrent le marbre et la pierre pour en faire jaillir un monde de statues et de groupes symboliques ; Van der Meulen, La Fosse, Mignard, Le Brun, Paul Bril, les Boullongne, jetèrent à l'envi sur la toile des batailles, des saisons, des dieux, des déesses, des allégories, le tout formant en son ensemble une glorification complète du roi Soleil.

Car, ne nous y trompons pas, malgré sa réelle valeur architecturale, ses proportions grandioses, la profusion et

(1) Voir *Tout autour de Paris*, troisième excursion.

(2) Un habitant de Marly, M. Maquet, serrurier de son état, archéologue à ses heures, a, sous les auspices de M. Victorien Sardou, présenté au public une très curieuse généalogie des seigneurs du lieu.

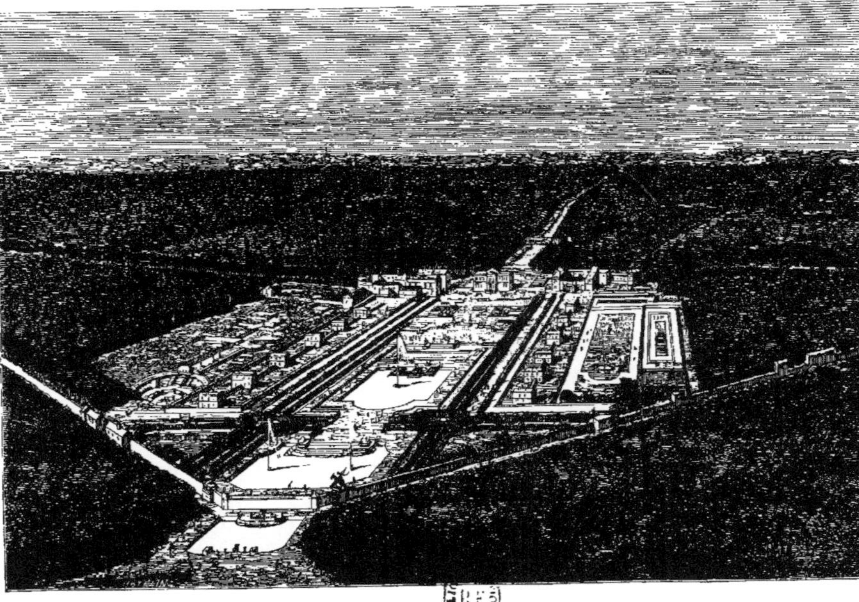

LE CHATEAU DE MARLY SOUS LOUIS XIV.

DESSIN DE F. HOFFBAUER.

la diversité de sa décoration, le charme de ses jardins, le
château de Marly fut, avant tout et surtout, une œuvre absolument courtisanesque.

L'ermitage se composait d'un pavillon central figurant le
soleil : c'était le pavillon du roi ; douze autres constructions
plus petites représentaient les signes du zodiaque ; elles se
reliaient entre elles et rejoignaient le corps de logis principal par des allées de tilleuls dont le feuillage soigneuse-
ment taillé formait une voûte ombreuse. Quant aux jardins,
leur magnificence pouvait se comparer à celle du parc de
Versailles ; ce n'étaient partout que parterres fleuris, pelouses
vertes, mystérieux réduits, cabinets de verdure, bosquets
ornés de statues, belvédères, glacières, tertres destinés aux
jeux divers. Une rivière artificielle venait couler en cascade
sur soixante-trois marches de marbre rouge et vert. (Quelques-uns de ces marbres ont été employés à l'église Saint-
Sulpice à Paris.) Quant aux bassins, plus magnifiques que
ceux de Versailles, ils étaient pavés de carreaux émaillés.
De la salle des Muses, on pouvait se rendre aux bains
d'Agrippine ou au théâtre à gradins gazonnés.

De tout cela, on ne retrouve plus maintenant, en parcourant le parc, que quelques ruines insignifiantes, sortes de
points de repère enfouis sous l'herbe et la mousse, et indiquant à peine les places où se trouvaient le pavillon royal,
la chapelle, les offices ou la salle des gardes.

A Marly s'écoulèrent les vingt dernières années de la vie
de Louis XIV, et bien que l'éclat du grand règne allât pâlis-
sant, bien que les défaites succédassent aux deuils, bien que
les ruines s'accumulassent autour de la vieille monarchie,
les fêtes de Marly ne s'interrompirent pas et ne perdirent
point de leur éclat.

Choisis par le monarque, acceptés par Mme de Maintenon
qui présidait à tout et occupait au pavillon royal l'appartement destiné à la reine, les courtisans, très friands d'invi-
tations aux *Marly,* faisaient la partie du roi au jeu du portique,
au mail, à la ramasse, à l'escarpolette ; on montait des spec-
tacles, on organisait des bals, on tirait des loteries, on jouait

gros jeu, très gros jeu, pour se reposer des fatigues de la chasse. On usait, ou mieux on abusait des plaisirs de la table ; les plus grandes dames elles-mêmes oubliaient parfois les lois de la tempérance, fumaient dans leurs chambres des pipes empruntées au corps de garde des Suisses, et s'invectivaient en un langage qui avait plus de ressemblance avec le dialecte des halles qu'avec celui des cours. Toute une suite de négociations avait lieu pour réconcilier la princesse de Conti et la duchesse de Chartres qui s'étaient, en un moment d'humeur, réciproquement traitées de sac à vin et de sac à guenilles. Pendant ce temps, l'édit de Nantes est révoqué, les dragonnades ensanglantent un tiers de la France, deux cent cinquante mille huguenots émigrent emportant à l'étranger 60 millions de numéraire ; la ligue d'Augsbourg déchaîne l'Europe contre nous, et la guerre ne prend fin que par l'onéreux traité de Ryswick. Le désordre est dans les finances, le commerce est languissant, l'industrie paralysée, les campagnes misérables. Le vieux roi a vu mourir son fils et ses petits-fils, il n'a plus pour héritier qu'un enfant encore presque au berceau ; le comte de Toulouse, grand veneur, augmente de 10000 toises de bois le parc de Marly, agrandit les écuries et le chenil, et le grand règne agonise au milieu des intrigues et du bruit des chasses.

Sous Louis XV, le domaine de Marly fut délaissé ; le roi préférait le séjour de Choisy qu'il avait créé. Louis XVI revint plus souvent dans la demeure de son aïeul ; il était au château la veille du serment du jeu de paume. Sous la Révolution, Marly servit pendant plusieurs années de promenade publique ; puis, en 1798, il fut vendu à un nommé Sagniel qui commença la démolition de l'ermitage et, dans les salons de Louis XIV, installa les ateliers d'une manufacture de drap. Son entreprise ayant périclité, Sagniel essaya de refaire sa fortune en achevant les démolitions et en vendant les matériaux. Il n'atteignit point son but et mourut misérablement chez un de ses anciens concierges qui l'avait recueilli.

Heureusement pour l'art, la plupart des statues qui dé-

coraient le parc avaient été enlevées et transportées aux
Tuileries. Les deux groupes qui ornent l'entrée de l'avenue des Champs-Élysées, et que les Parisiens désignent
sous le nom de *Chevaux de Marly*, sont dus à Coustou, et
décoraient l'abreuvoir, occupant la place prise originairement par le *Mercure* et la *Renommée* de Coysevox transportés
au pont tournant.

En quittant Marly-le-Roi pour nous rendre à Port-Marly,
nous saluerons d'abord au passage la belle propriété de
Champflour, qui appartenait à de Leuven, ancien directeur
de l'Opéra-Comique, et dont M. Alexandre Dumas fils a hé-
rité, puis ensuite le château du Moulin-Rouge ou des Pavillons, propriété de M. Geoffroy d'Alencourt.

Port-Marly, Marly-la-Machine, Louveciennes.

Port-Marly, assez insignifiant en soi, et dont les habitants
ne s'occupent guère que de l'exploitation du blanc d'Espagne,
s'étage agréablement sur le coteau qui, de Marly, descend
jusqu'à la Seine. Sa rue centrale s'ouvre en regard de l'île
de la Loge. C'est au milieu de cette rue que nous rencontrons le seul monument du village; c'est l'église Saint-Louis,
la mairie et le presbytère réunis dans un bâtiment à trois
corps, dont la première pierre fut posée par Louis XVI, le
2 novembre 1780, et le premier curé, l'abbé Lemoyne, in-
stallé le 24 mai 1785. La création de cette paroisse ne se fit
pas sans difficulté; le curé de Marly ne voulait pas renoncer
aux sept cents ouailles que lui fournissait Port-Marly. Il
fallut que les huissiers intervinssent; on conserve encore à
la cure l'exploit qui fut alors signifié au desservant récal-
citrant. La paix se rétablit; mais, pendant longtemps, les
paroissiens de Saint-Louis demeurèrent, en quelque sorte,
tributaires de la cure de Saint-Vigor. Chaque année, les mar-
guilliers de Port-Marly offraient le pain bénit et plusieurs
livres de cire à la fabrique de Marly.

L'idée de la création de cette paroisse n'était pas nouvelle
pourtant. Dès 1765, le dauphin avait décidé Louis XV à faire

bâtir, à Port-Marly, une église et une maison d'école ; mais comme on l'a vu, l'insouciant roi mourut sans avoir songé à tenir ses promesses.

L'église Saint-Louis occupe le centre du bâtiment dont nous avons parlé et se relie par une galerie couverte, ornée de colonnes, aux pavillons semblables entre eux où s'abritent le presbytère et la mairie. Sa nef unique a trois travées et se termine par un chœur en hémicycle d'une assez belle ordonnance ; dans les niches creusées sur les flancs des murailles, on a placé, il y a quelques années, les statues en pierre des évangélistes qui décoraient autrefois l'église de Saint-Germain en Laye. Dans une des petites chapelles latérales, vous verrez, entourée d'un beau cadre de bois sculpté, une *Descente de Croix* donnée par Louis XVI, qui provient du château de Marly et qui dut être peinte vers 1700 par un artiste quelque peu janséniste ; de même provenance est la jolie petite Vierge en pierre qui orne la chapelle des fonts baptismaux, et qu'on a malheureusement eu l'idée de recouvrir de peinture.

En 1815, après l'affaire de Rocquencourt dont nous avons parlé plus haut, les Prussiens envahirent Port-Marly, mirent la commune à contribution, pillèrent l'église, brûlèrent des maisons et fusillèrent quelques habitants. Dans la collection de papiers et d'actes précieux pour la localité que l'on conserve à la cure, nous avons vu le certificat relatant ces faits.

Sur le quai Conti, que nous suivons maintenant, nous rencontrerons le château des Lions, jolie construction édifiée par Barjac, valet de chambre du cardinal de Fleury, où l'on a transporté quelques peintures qui ornaient jadis, à Saint-Germain en Laye, la chambre occupée par le roi Jacques Ier. Après avoir passé devant le chemin qui monte au château de Prunay, nous arrivons au quai Rennequin-Sualem et à la machine de Marly.

Il ne reste rien de la gigantesque et pourtant enfantine conception de Rennequin Sualem, rien des quatorze colossales roues motrices, rien des deux cent quinze corps de pompe qui encombraient la Seine, s'étageaient sur la côte et entouraient le puisard. Nous ne voyons plus maintenant sur le fleuve, reposant sur dix arches et formant à l'intérieur une vaste salle, que la construction en pierre et brique qui, depuis 1858, renferme la machine actuelle. Poussons du doigt la petite grille, entrons dans la salle dont le toit est soutenu par une élégante charpente en fer; là, nous verrons évoluer six roues à palettes ayant chacune 12 mètres de diamètre et 4^m,50 d'épaisseur. Elles sont emboîtées dans des coursiers en maçonnerie, et des ouvertures pratiquées sur la muraille leur permettent de correspondre aux vannes du barrage; elles se relient à l'arbre de couche par de doubles bielles et communiquent le mouvement à des pompes horizontales à pistons plongeurs refoulant l'eau dans ces conduites appuyées sur le sol qui montent à découvert jusqu'à l'aqueduc. La machine peut amener à l'aqueduc 1500 à 2000 mètres cubes d'eau par roue et par jour; elle est l'œuvre de l'ingénieur Dufrayer.

Sans nous effrayer du bruit sourd et continu que font les roues en mouvement, mais l'œil charmé par les myriades de gouttelettes que pleurent leurs lames et qui semblent, traversées par les rayons du soleil, se transformer en une pluie de diamants, rappelons en quelques mots le passé de la machine.

En 1682, lors de son installation, l'œuvre conçue par Rennequin Sualem (nous ne faisons que nommer ici l'inventeur, nous reviendrons plus tard sur sa personnalité) fournissait journellement 5760 mètres cubes d'eau; mais son rendement alla toujours en diminuant, et quand, au bout de cent ans, on songea à la remplacer, elle ne donnait plus que 230 mètres de liquide par vingt-quatre heures. En 1804, l'ingénieur Brunet lui substitua une machine plus simple, mais défectueuse encore. Treize ans plus tard, on commença à employer les pompes à vapeur; celles-ci durent subir de nombreuses modifications et n'arrivèrent jamais à fournir plus de 1700 mètres cubes d'eau par jour.

Le bâtiment qui renferma la pompe à vapeur existe encore;

c'est cette sorte de petit temple grec, orné au fronton de figures en ronde bosse, qui s'élève de l'autre côté du quai. On peut voir à l'intérieur une peinture à fresque bien conservée ; elle représente assez exactement l'ancienne machine vue à vol d'oiseau. Avec la réduction que garde le Conservatoire des arts et métiers, c'est tout ce qui reste de l'œuvre de Rennequin Sualem.

Le Raidillon, chemin abrupt et pierreux, fort bien nommé, s'ouvre sur le quai entre le bâtiment de la pompe et le beau parc de Lancey, dont deux lions de pierre gardent la grille appuyée sur d'énormes termes. Tout en gravissant le Raidillon, non sans fatigue et sans essoufflement, nous voyons à notre droite, rousses dans la verdure, montant hardiment la côte, les conduites qui mènent l'eau de la Seine à l'aqueduc. Derrière ces conduites, sont les propriétés qui formaient autrefois le domaine d'Oger de Cavoye. « Le brave Cavoye devint grand maréchal des logis de Louis XIV, lors de son mariage avec M{\ll}e de Coëtlogon, une des filles de la reine Marie-Thérèse, laide, sage, naïve, animée et très bonne créature, » dit le railleur Saint-Simon, sans parvenir à enlever à cette figure la poétique auréole, dont l'ont entourée sa constance longtemps dédaignée, son dévouement à son mari, sa fidélité à ses devoirs. Le château de Cavoye passa à la princesse de Conti ; puis, après avoir appartenu longtemps au comte Hocquart, il devint la propriété de M. Beer, neveu de Meyerbeer, qui le possède encore aujourd'hui. A gauche des tuyaux était le pavillon des eaux à M. Deville, qui, plus tard, la régie des eaux ayant été transférée à Versailles, fut donné au comte de Toulouse ; puis, par héritage, passa au duc de Penthièvre, qui ne voulut plus l'habiter quand son fils, le prince de Lamballe, y fut mort en 1768. Deux ans après, le roi permettait à la comtesse Du Barry de s'installer dans le pavillon des eaux ; nous avons dit « permettait », car, contrairement à l'opinion généralement adoptée, la fameuse comtesse ne fut jamais propriétaire ni même locataire du domaine ; il n'existe aucun acte de donation ou de vente, et si Louis XVI laissa la Du Barry

à Louveciennes, ce fut absolument par tolérance. La propriété est aujourd'hui divisée en deux parties; l'une appartient à M. Goldschmidt, l'autre à Mme Thaal de Lancey. C'est
dans le parc de Lancey, dont nous avons vu une entrée sur
le quai, qu'on peut voir encore le pavillon construit par
Ledoux, en 1772, pour la comtesse Du Barry.

Il fut célèbre en son temps, ce pavillon, très fréquenté
par les courtisans de la favorite, fort admiré par la foule,
pompeusement chanté par les poètes. Tout en rendant justice
à l'heureux choix de la situation qu'elle occupe, il est permis de trouver un peu exagéré l'enthousiasme que cette construction excita chez nos pères. Décorée de colonnes ioniques
élevées sur un stylobate, ornée de bas-reliefs et de statues,
couronnée par une balustrade, la façade principale qui regarde la Seine, est d'un aspect sombre et lourd. Proportions
gardées, on retrouve là les tendances qu'a subies Ledoux
quand il construisit plus tard les pavillons des barrières de
Paris. Ce qui fut véritablement merveilleux au temps de la
splendeur du pavillon, ce fut la décoration intérieure. Les
plafonds et les dessus de porte avaient été peints par Fragonard, Drouet, Biard, etc.; Pajou, Allegrain et Lecomte
s'étaient chargés de la partie sculpturale; aux panneaux
s'accrochaient des tableaux de tous les maîtres du temps.
Quant à l'ameublement, il passait pour une merveille de
richesse et de bon goût. Cinq grandes compositions avaient
été commandées à Fragonard par la Du Barry; mais quand
elles furent exécutées, la capricieuse courtisane refusa d'en
prendre livraison. Le peintre les emporta à Grasse, où
elles sont encore et s'abîment dans la maison d'un riche
propriétaire. Œuvres charmantes, mais courtisanesques,
ces cinq tableaux représentent des scènes dont les principaux acteurs sont invariablement le roi et la comtesse, tous
deux fort rajeunis. Le graveur Desboutin a donné de fort
curieuses reproductions de cette œuvre peu connue.

Après la mort de Louis XV, la Du Barry s'était retirée
dans cette propriété; elle y vivait tranquille, sans faste
exagéré, sans scandale, charitable pour les pauvres et

bonne paroissienne de l'église Saint-Martin. Elle avait conservé pour gouverneur de son domaine le négrillon Zamore,
dont les grimaces simiesques avaient fait sourire jadis l'ina-
musable Louis XV. Quand la Révolution éclata, l'ancienne
favorite ne s'effraya pas outre mesure. Pour toutes précau-
tions, elle enfouit en diverses cachettes son argent, ses diamants et ses bijoux. On prétend que toutes les cachettes
n'ont pas été découvertes. Obéissant on ne sait à quelle
inspiration mauvaise, Zamore accusa sa maîtresse d'entretenir des correspondances avec les étrangers, obtint du
Comité de salut public un ordre d'arrestation, et, nouveau
Judas, accompagna, le 14 frimaire an II (4 décembre 1793), les
soldats chargés de s'assurer de la personne de la comtesse.

Le procès fut vite instruit. La Du Barry nia toute relation avec les ennemis du dehors, mais indiqua la place de
ses cachettes, offrit sa fortune entière et se roula aux pieds
de ses juges pour obtenir sa grâce. Vains efforts; elle dut
monter sur l'échafaud. Seule de toutes les femmes qui pé-
rirent pendant la Révolution, elle se montra sans courage
devant la mort : « Monsieur le bourreau, ne me faites pas
de mal! » telles furent ses dernières paroles.

Tout en rappelant ces souvenirs, nous sommes arrivé au
pied de l'aqueduc. Édifié sous le règne de Louis XIV, il a la
grandeur et la majesté des constructions du dix-septième
siècle; il développe sur une longueur de près de 650 mètres
ses trente-six arches hautes et gracieuses, et couronne su-
perbement la colline, dont nous avons maintenant atteint le
sommet. Le hameau des Voisins et Louveciennes se grou-
pent à notre droite en regard des *arcades* (comme on dit
dans le pays). Nous avons eu le temps de nous reposer de
la montée du Raidillon, aussi n'hésiterons-nous pas à entreprendre l'ascension de la tour de l'aqueduc ; le gardien est
justement sur le seuil de sa petite maison, il nous donnera
la clef et nous n'aurons à gravir que les cent trente-deux
marches d'un escalier commode pour arriver au faîte de la
tour et voir se dérouler sous nos yeux, à perte de vue, le
magnifique panorama de cette splendide campagne. Dans

MARLY-LE-ROI, VUE PRISE DE LA REDOUTE DES ARCHES.

DESSIN DE A. DEROY.

le grand air, devant cette mer de verdure, devant ces nappes
multicolores de terres cultivées, laissant errer nos regards
des groupes joyeux que forment les villages aux masses
sombres des grands bois, des toits gris d'un château aux
noirs pignons d'une ferme, des routes rectilignes aux cours
d'eau sinueux, nous oublierons toute fatigue et n'éprouve-
rons que le regret d'être obligé de reprendre notre route.

Au hameau des Voisins, où passe, depuis 1884, la ligne
de chemin de fer qui relie Saint-Cloud à l'Étang-la-Ville,
nous verrons briller au soleil, encadrée par la perspective
de la route de Versailles, la grille dorée du château qu'ha-
bite M. Albert, un riche Anglais fort estimé pour sa bienfaisance.

Dominé par les arcades de l'aqueduc, Louveciennes, tranquille, verdoyant, parfumé, groupe sur une pente douce
ses maisons de cultivateurs aisés, ses nombreuses villas aux
allures de châteaux, sa vieille église Saint-Martin au clocher
gris et écrasé, et sa jolie route du *Cœur-Volant*, bien connue
des amateurs de promenades ombreuses, et qui mène à
l'une des portes de Marly. L'animation est nulle ici, mais le
silence qui nous entoure n'a rien d'attristant; partout la
verdure égaie le regard, partout au delà de grandes grilles
les yeux plongent dans de beaux jardins soignés, fleuris,
et découvrent des pelouses dormant à l'ombre d'arbres séculaires, de grandes serres, de vastes orangeries aux larges
baies bouchées de châssis gris garnis de petites vitres, que
les rayons du soleil piquent d'innombrables étincelles.

Non seulement le pays est sain et charmant, arrosé de
sources nombreuses; non seulement ses échappées offrent,
à tout instant, des points de vue ravissants sur le vallon de
Bougival et la vallée de la Seine; mais encore ses environs
invitent les promeneurs à une foule de petites excursions
pleines d'attraits.

Mais ce n'est point de promenade qu'il s'agit pour le moment. Nous voici arrivé devant le bâtiment moderne où
s'abritent la mairie et les écoles, et aussi devant l'église
Saint-Martin, un édifice du treizième siècle, dont le carac-

tère primitif a été altéré au dehors par de maladroites res-
taurations, mais qui, à l'intérieur, conserve encore quelques
parties intéressantes. Tels sont le chœur, orné au chevet
d'une rose magnifique, le triforium qui aveugle d'une forme
particulièrement gracieuse, de jolis pendentifs et, çà et là,
des sculptures d'une extrême finesse. Au milieu de tout cela
se dresse un maître-autel blanc et or donné sans doute à la
paroisse par quelqu'un des riches châtelains qui la fréquen-
taient au dix-huitième siècle, et si vous vous arrêtez à la
chapelle Sainte-Geneviève, vous ne manquerez pas de remarquer le tableau de Mme Lebrun, qui la décore et représente la patronne de Paris.

En quittant l'église, nous continuerons la descente de la
colline, et nous sortirons du village par une rue louvoyant
entre de hautes murailles. Ici, la plupart des propriétés sont
de luxueuses demeures, et leurs communs seuls ouvrent
quelques lucarnes sur la voie publique ; la solitude est absolue, le silence serait complet si des milliers d'oiseaux ne
chantaient dans les grands arbres.

C'est à regret qu'on s'éloigne de ce joli bourg qui dut, à
son origine, n'être qu'un groupe de pauvres chaumières de
bûcherons. En effet, aux temps mérovingiens — vous voyez
que nous ne parlons pas d'hier — Louveciennes, déjà connu,
s'appelait *Mons lucipinus*, dénomination justifiée par la grande
quantité de loups qui habitaient la forêt dont la montagne
était alors couverte.

De cette forêt dépendait sans doute ce joli coin appelé *le
Bois brûlé*, qui permet aux gens du village de faire une
de ces ravissantes promenades dont nous parlions tout à
l'heure. Nous errerons volontiers dans ses sentiers ombreux,
nous gravirons ses pentes multiples, nous nous laisserons
séduire par les descentes de ses vallonnements pittoresques,
et sans rencontrer un seul des loups d'antan, nous arriverons au petit hameau de Montbuisson, riant et fleuri,
n'étant guère habité que par des horticulteurs.

Saint-Michel, Bougival.

Saint-Michel, que nous rencontrons ensuite, dépend de la commune de Bougival, et du haut du coteau qu'il domine, le regard, une fois encore, embrasse un magnifique horizon. Le hameau renferme quelques belles maisons de campagne, bon nombre d'habitations rustiques et de riches pépinières.

En quittant Saint-Michel, nous entrons à Bougival par le haut du pays, et, sur la route de Versailles, nous nous trouvons devant le *Monument*.

La dénomination est pompeuse, si l'on ne veut voir que la simplicité de l'édicule; elle est justifiée, si le souvenir des actes héroïques qu'il évoque vous revient à la mémoire en le regardant.

Le monument n'est qu'une pyramide triangulaire posée sur un piédestal de même forme; elle est ornée, à sa pointe, d'une étoile de bronze et frappée, sur la face qui regarde la route, de ces deux mots : *Pro patria*.

Voici les faits qui furent rappelés lors de l'inauguration, le 22 septembre 1878.

Il y avait ce jour-là huit ans qu'à cette même place avait été fusillé par les Prussiens un vieux jardinier de Bougival nommé François Debergue. Son crime, aux yeux de nos envahisseurs, était d'avoir coupé à cinq reprises successives les fils télégraphiques qu'ils avaient établis pour assurer les communications entre leurs différents corps d'armée. Pris et conduit devant un conseil de guerre, Debergue répondit à ses juges qui lui offraient sa grâce s'il voulait promettre de se tenir tranquille à l'avenir : « Je suis Français, je dois tout entreprendre contre vous. Si vous me rendez la liberté, je recommencerai (1). »

Un mois après, le jour de l'attaque de la Malmaison, deux ouvriers, Jean Martin et Jean-Baptiste Cardon, furent pris

(1) Ces paroles sont inscrites en relief sur une plaque de bronze qui occupe le centre du piédestal.

dans le pays au moment où ils tiraient sur les Prussiens. Comme Debergue, ils furent fusillés et tombèrent sous les balles en criant : Vive la France! « Dites à nos enfants, ajouta Martin, que c'est pour le pays que nous mourons ! »

Passons devant la Charmeuse, ancienne propriété du chansonnier Avenel, aujourd'hui habitée par le romancier Émile Richebourg. Descendons la côte par la rue de la Celle, et nous ne tarderons pas à nous trouver dans la grande rue du pays et tout auprès de l'église.

Bien que de dimensions exiguës, l'église, bâtie sur un mamelon, produit un effet assez pittoresque; on la voit de loin, et la pyramide de pierre grise qui s'appuie sur son clocher roman domine tout le village.

Il faut gravir vingt-trois marches pour arriver devant le portail, adjonction des temps modernes de misérable aspect et se raccordant mal à l'architecture de l'édifice. Le seuil franchi, on se trouve dans une nef large, peu profonde, flanquée de bas côtés et terminée par un chœur qui, comme elle, remonte au treizième siècle. Une travée de la nef conserve encore son triforium et ses œils-de-bœuf originaux, et l'aspect général dut être fort agréable jadis. Il est gâté maintenant, et son harmonie est rompue par la position oblique que des tassements survenus dans les parties hautes ont fait prendre à la plupart des colonnes; celles-ci présentant à la base un écartement moindre que celui qu'elles ont au sommet, donnent à l'ensemble l'air d'un grand V dont on aurait coupé la pointe.

Il ne faut pas que ceci nous empêche de regarder les belles boiseries ornées de figures qui décorent le chœur, le joli petit autel placé dans le bas côté gauche et les fonts baptismaux, dont la cuve est du quinzième siècle.

En quittant l'église, nous verrons la pierre tombale de Rennequin Sualem et de sa femme Marie Nouelle, enterrés tous deux dans l'église, l'un en 1708, l'autre en 1714, et nous trouverons là l'occasion de rectifier une erreur généralement répandue.

Les biographes s'accordent à faire mourir l'inventeur de la

machine de Marly dans la plus profonde misère; nous croyons
qu'ils se trompent en ceci. Lisez la longue inscription gravée
sur la pierre que nous avons sous les yeux, et devant la
quantité de messes et de fondations pieuses dues à la libé-
ralité de Marie Nouelle, vous reconnaîtrez avec nous que
Rennequin Sualem, loin d'être dans la misère, devait certainement jouir d'une honnête aisance.

Les grandes choses disparaissent, les petites survivent;
il ne reste rien, nous l'avons dit, de la conception de Sualem:
On lui attribue un mot qui est devenu dicton populaire. En
1682, Louis XIV, visitant la machine récemment achevée, fut
frappé sans doute de l'aspect rustique de celui qui l'avait
créée, et ne put s'empêcher de s'écrier : « Quoi! c'est vous
qui avez fait cela ? — Non, répondit l'inventeur; c'est not'
chat! » La réplique n'était pas absolument révérencieuse,
mais le roi Soleil daigna sourire, et le mot est resté.

La Grande-Rue suit la pente du coteau et nous conduit
presque au bord de la Seine. Rien ici n'arrêtera notre regard;
la mairie, la gendarmerie, monuments officiels des plus
modestes, sont écrasés par le voisinage du moulin de la
Machine, haute construction de belle allure, avec ses blanches
façades, ses fenêtres cintrées, ses chaînes de briques. Nous
pouvons donc, tout en poursuivant notre chemin, causer un
peu du passé du pays.

Son nom dérive, suivant les étymologistes, de *Bog-Val* (vallon des cavités); les carrières de craie, de chaux et de pierre
tendre qui s'ouvrent dans les flancs du coteau, paraissent
justifier cette opinion. Quant aux seigneurs du lieu, ils ont
passé assez inaperçus dans l'histoire. Le dernier d'entre
eux, le comte d'Assy, vendit son fief à la couronne en 1683;
on ne sait guère le nom des autres. Par contre, le bourg se
souvient d'avoir été habité par quelques personnages diversement célèbres, parmi lesquels nous citerons Malesherbes
et Boissy d'Anglas, dont les châteaux sont disparus; Eugène
Forcade et Auguste Lireux, qui demeuraient ensemble dans
un cottage où le sculpteur Pradier mourut d'apoplexie, le
5 juin 1852; enfin Félicien Mallefille, l'auteur des *Mères*

repenties, qui s'éteignit, en 1868, dans sa propriété du Cormier.

Nous voici maintenant sur le quai Sganzin, au pied du pont de Bougival, inauguré en 1864 et soumis encore à la formalité du péage. Construit en fonte, appuyé sur une seule pile à son centre, il forme le premier plan d'un panorama que limitent au loin, sur la hauteur, les bois de Louveciennes et de Marly ; à notre gauche coule la Seine, baignant les rives verdoyantes de l'île voisine. Dans ses eaux se reflètent des bouquets d'arbres et le frémissement tricolore du drapeau qui flotte au-dessus de l'entrée du bal des canotiers ; sur ses bords court la voie ferrée du tramway de Saint-Germain ; à notre droite, se suivent sans interruption des hôtels et des restaurants. L'un de ces derniers, le plus ancien de tous peut-être, est la maison Souvent, aujourd'hui hôtel de l'Union, dont les peintres ont décoré les murs et que les poètes ont chantée, et dont la vue nous invite à faire un retour vers le passé.

Le lieu où nous sommes n'eut pas toujours l'aspect animé que nous lui voyons. Longtemps il fut calme, à peu près désert, et il y a quelque soixante ans, inconnu de la foule. Il appartient maintenant presque exclusivement aux canotiers ; mais l'honneur de sa découverte revient aux artistes. Jeunes encore, mais demandant déjà leur inspiration à la nature, Corot, Français, Ternaute, Hérault, Meissonier et bien d'autres encore s'installaient l'été chez Souvent, et plantaient leurs chevalets dans cette campagne ignorée du bourgeois. La maison, fort modeste auberge alors, offrait aux artistes une hospitalité peu coûteuse, et cette nourriture plus abondante que choisie, dont se contente à vingt ans l'homme qui a travaillé tout le jour.

Après 1830, nous l'avons dit ailleurs, le canotage devint de mode. Asnières le vit naître, mais il éprouva promptement le besoin de multiplier ses ports d'attache et ses lieux d'évolution. Les peintres, non sans regrets, émigrèrent devant l'envahissement des amateurs de sport nautique, et la physionomie du lieu changea du tout au tout. La simpli-

cité rustique fit place à l'élégance bourgeoise, l'auberge
devint un hôtel, le cabaret un restaurant, la salle à manger
un salon, la tonnelle un jardin; le quai se borda d'établisse-
ments hospitaliers aux gens de plaisir, et dans les îles on
abattit de superbes bouquets d'arbres pour faire place à des
chalets où l'on danse. De la pléiade laborieuse des peintres,
la maison Souvent, quoique complètement transformée,
nous parle seule aujourd'hui.

On y montre encore l'atelier où travaillaient les artistes
dont nous parlons plus haut, et la salle à manger qu'ils ont
décorée. Celle-ci est une pièce haute et claire; sur les murs,
dont le fond rouge est piqué de blancheurs douces, grâce à
quelques groupes de faïences répartis avec goût, se déta-
chent, suffisamment espacés pour être bien vus, quelques
panneaux de formes diverses, entourés de minces baguettes
dorées. Ternaute est l'auteur de quatre petits tableaux ovales
qui décorent la partie supérieure des murailles; Corot a
peint cette jolie vue de la Seine près du barrage, qui attire
le regard à côté de la porte d'entrée. Anastasi, Français,
Hérault ont laissé là, auprès de scènes évoquant les souvenirs du dix-huitième siècle, des vues charmantes du
paysage d'antan, de ses arbres séculaires, de ses coins disparus.

Nous voici maintenant à la Chaussée; c'est le quartier
avancé de Bougival, un lieu aristocratiquement habité jadis
et où nous rencontrons encore quelques propriétés de grande
allure. Voici dans l'une d'elles le pavillon de Blois, ainsi
nommé parce qu'une fille de Louis XIV et de Mme de Montespan y fut élevée; l'air, paraît-il, avait été reconnu particulièrement salubre. Voici encore les Frênes, habitation
riante au fond d'un jardin planté de beaux tilleuls.

La Chaussée n'est autre que l'ancien Charlevanne ou
Vanne de Charles, port de pêche que Charles Martel, une
fois par hasard généreux pour les moines, avait donné aux
abbayes de Saint-Germain des Prés et de Saint-Denis. En
l'an 846, les Normands débarquèrent au port de Charlevanne, se répandirent dans le pays, le pillèrent suivant leur

coutume et finalement durent se retirer devant les troupes
de Charles le Chauve.

De la Chaussée-Charlevanne dépendaient des vignes dont
Robert le Pieux, alors possesseur d'un pied-à-terre dans la
localité, réserva la dîme au prieuré de Saint-Germain en
Laye, générosité qu'on eut le droit de regretter quand, vers
1120, Louis VI songea à faire bâtir un château fort à Charlevanne. L'idée était bonne, le point précieux pour la défense
de Paris ; mais pour élever là forteresse, il eût fallu aliéner
un certain nombre d'arpents des vignes que possédait le
prieuré. Aussi les moines firent-ils remontrer au roi le
grand dommage que leur causerait l'exécution de son projet,
et celui-ci fut abandonné. Plus tard, où les Normands avaient
passé, les Anglais débarquèrent à leur tour et, par Charlevanne, s'acheminèrent vers Paris.

A l'extrémité de la Chaussée est un quartier nommé *la
Maison Rouge;* c'est un groupe de coquettes villas remplaçant
une habitation où demeura la belle Gabrielle.

Prenons un moment de repos. Un ravissant et lumineux
paysage nous entoure; il est fermé devant nous par un rideau de verdure; à notre gauche, le pont de Chatou barre
la coulée de la Seine, et le clocher du village pointe dans
l'air au-dessus de l'entassement de ses toits. Les quais
s'étendent larges et gais; les îles s'allongent vertes et feuillues, silencieuses en semaine quand les bals et les cabarets
qui les peuplent sont déserts, bruyantes le dimanche quand
les canotiers les envahissent, bordées en tout temps d'une
dentelure de canots amarrés, que le courant balance doucement et qui secouent au vent leurs pavillons fantaisistes
aux couleurs éclatantes.

AUTOUR DE VERSAILLES

ITINÉRAIRE

Saint-Cyr : la Maison d'éducation, l'École militaire, l'Asile départemental de l'enfance, église Saint-Cyr, mairie, la ferme de Gally ; **Fontenay-le-Fleury** ; **Rennemoulin** ; **Villepreux** : École des Pupilles de la Seine, église Saint-Germain, École rurale Crozatier ; **Bois d'Arcy** : chapelle Saint-Jouan ; **les Clayes** : château, église ; **Plaisir** : Asile départemental des Petits-Prés ; **Thiverval** ; **Grignon** : École nationale d'agriculture, étang de Saint-Quentin ; **Trappes** ; **Port-Royal** ; **Magny-les-Hameaux** ; église ; **Châteaufort** ; **Jouy-en-Josas** : manufacture d'Oberkampf, église, aqueduc de Buc ; **Buc.**

QUATRIÈME EXCURSION

Saint-Cyr.

En quittant les splendeurs de Versailles, en sortant de ses
rues tirées au cordeau, en laissant derrière soi le parc silencieux, l'esprit un peu assombri peut-être par tant de
grandeur et de solennité, c'est avec une surprise qui n'est
pas sans charme qu'on rencontre tout à coup un vrai village : Saint-Cyr. On l'atteint par une large route qui passe
entre l'Orangerie et la pièce d'eau des Suisses, côtoie la
plaine du Mail et le polygone du génie, laisse apercevoir,
devant les derniers fourrés du bois de Satory, la vaste gare
des Matelots, et, après avoir franchi un rond-point nommé
étoile de Choisy, s'arrête aux premières maisons.

Ici, plus de façades imposantes, plus de frontons sculptés,
plus d'avenues aux longues perspectives, plus de bronzes,
plus de marbres, plus d'arbres au feuillage symétriquement
taillé. Les rues sont tortueuses ; les habitations, couvertes
en chaume parfois, s'appuient les unes aux autres sans
souci de l'alignement et de l'uniformité. Au bruit d'enclume
qui s'échappe de l'atelier d'un forgeron, répond un meugle-
ment sortant d'une étable; les lointains s'empanachent de
libres feuillées pleines d'oiseaux, et, par de subites éclaircies, on aperçoit, au delà d'une vaste plaine, la lisière des
bois de Marly.

Ancienne dépendance du diocèse de Chartres, Saint-Cyr
végétait à peu près inconnu à l'ombre du grand Versailles
naissant; deux fiefs se partageaient le hameau : l'un appartenait à l'antique abbaye de Notre-Dame des Anges, l'autre
au marquis de Saint-Brisson. C'est sur ce dernier domaine,

acquis au prix de 90 000 livres, que Jules-Hardouin Mansart commença, le 1er mai 1685, la construction des bâtiments qui, pendant cent sept années, abritèrent les élèves de la Maison royale de Saint-Louis.

Une véritable armée d'ouvriers, deux mille cinq cents hommes, dit-on, envahit alors le pays, et douze mois d'un travail que la nuit n'interrompait point suffirent pour défricher les bois, élever les corps de logis, dessiner les jardins, construire un aqueduc, creuser des bassins, planter des quinconces et meubler confortablement l'intérieur.

Le 1er mai 1686, Louis XIV put inaugurer en grande pompe la maison d'éducation et présider à l'installation des deux cent cinquante demoiselles, des quarante dames professeurs et du même nombre de sœurs converses qui la composaient et qui quittaient avec plaisir le château de Noisy-le-Roi où elles se trouvaient fort à l'étroit.

Établie à Montmorency et dirigée par Mme de Brinon, la maison n'était d'abord qu'une sorte de couvent de demoiselles nobles; elle s'agrandit lors de son transfèrement à Rueil, et son organisation était complète quand, de Noisy, elle passa à Saint-Cyr.

Cette fondation et l'ordre admirable établi dans la maison sont les véritables titres de gloire de Mme de Maintenon. Cette adroite ambitieuse, dont l'influence sur Louis XIV rendit si misérables et si désastreuses les dernières années du grand règne, eut au moins en sa vie une pensée généreuse et sut exécuter ses desseins avec une réelle grandeur. On ne l'ignore pas, les règlements de Saint-Cyr ont servi de modèle à Napoléon pour édicter ceux qui devaient régir la Maison de la Légion d'honneur, institution qui n'eut jamais existé peut-être, si Mme de Maintenon n'en eût laissé le modèle.

La marquise avait été frappée et s'était émue de la situation fâcheuse dans le présent, inquiétante pour l'avenir, où se trouvaient une foule de jeunes filles, par suite des vides que la guerre produisait dans les familles de la noblesse, et aussi des ruines occasionnées par le faste obligé du temps.

C'est à ces « illustres infortunées », comme disait Mme Deshoulières, qu'elle voulait offrir un asile et donner une éducation qui leur permît d'occuper un jour dans le monde le rang auquel elles pouvaient aspirer.

Dès qu'elle fut devenue toute-puissante, elle intéressa le roi à l'institution qu'elle rêvait et obtint son concours pour la créer sur des bases solides.

Pour entrer à Saint-Cyr, les demoiselles devaient justifier de quatre degrés de noblesse du côté paternel. Ceci peut paraître une exigence exagérée en notre temps démocratique, mais il faut songer qu'on était alors au dix-septième siècle, et que le mot *égalité* n'eût point été compris si quelqu'un se fût avisé de le prononcer. Admises entre sept et douze ans, les élèves pouvaient demeurer dans la maison jusqu'à leur vingtième année. Les plus méritantes, les mieux protégées peut-être aussi, étaient alors dotées et mariées par le roi ; aussi bien préparées à la vie monastique qu'à la vie du monde, quelques-unes entraient au couvent, d'autres restaient dans l'institution, et, après un noviciat plus ou moins long, pouvaient prendre rang parmi les dames du corps enseignant.

Les élèves étaient réparties en quatre divisions, distinguées par des rubans divers : rouges, verts, jaunes ou bleus ; leurs classes et leurs dortoirs étaient décorés de rideaux et de tapisseries à leurs couleurs. Les sœurs converses dont nous avons parlé s'occupaient des soins domestiques.

Bien que sérieuse dès le début, l'éducation n'eut pas, à Saint-Cyr, le caractère absolument monacal qu'elle prit plus tard ; désireuse de donner à ses élèves les habitudes et le ton du grand monde, la fondatrice, tout en les soumettant à l'observation d'une discipline, ne leur défendait ni les coquetteries ni les parures qu'elle proscrivit après la mort de Louis XIV. Outre le maintien et les usages de la bonne compagnie qu'on enseignait aux jeunes filles, on s'appliquait à orner leur esprit de toutes les connaissances qui pouvaient le faire briller ; on leur révélait toutes les délicatesses, et, avouons-le, aussi les préciosités du style de l'époque; on les exerçait aux finesses de la conversation, on leur apprenait à bien dire et à bien lire.

De ces exercices littéraires au théâtre proprement dit, il n'y avait qu'un pas, il fut bientôt franchi. Mme de Brinon qui se piquait d'écrire, composa pour les jeunes filles quelques pièces de comédie assez médiocres; puis elles interprétèrent successivement le *Cinna* de Corneille, et l'*Andromaque* de Racine. Assez faibles, dans la première de ces pièces, elles furent, paraît-il, fort remarquables dans la seconde. Dès lors, on ne parla plus que théâtre à Saint-Cyr; bleues, vertes, rouges ou jaunes ne songèrent plus qu'à échanger des répliques en alexandrins pompeux. La marquise prit peur. Toutes les tragédies ne sont pas faites pour meubler des mémoires de jeunes filles; *Andromaque* avait été une hardiesse, *Phèdre* eut paru un danger. Le vers de Racine était bien séduisant pourtant, mais le poète avait depuis longtemps renoncé à la scène; on lui demanda « quelque espèce de poème moral ou historique dont l'amour fut entièrement banni ». Alors Racine écrivit les trois actes d'*Esther*, adroite flatterie à l'adresse du roi et de Mme de Maintenon.

Le 26 janvier 1689, le grand vestibule de la cour Verte, qui précédait l'appartement de la directrice, fut transformé en théâtre, et la première représentation d'*Esther* eut lieu devant Louis XIV et Jacques II d'Angleterre; le succès fut prodigieux, toute la cour voulut assister aux représentations suivantes. Certes, le spectacle était curieux; les jeunes filles s'acquittaient à merveille des rôles qui leur étaient échus, les chœurs étaient chantés par des voix fraîches avec un ensemble parfait. Mais, pour les courtisans, un attrait puissant s'ajoutait encore à tous ceux de l'œuvre : celui de pénétrer dans cette maison dont nul homme, hors le roi, n'avait le droit de franchir le seuil, celui de voir de près, pendant quelques heures, toutes ces jolies recluses que Mme de Maintenon entourait de soins jaloux et surveillait étroitement. « Ce qui devait être regardé comme une comédie de couvent, devint, dit Mme de La Fayette, l'affaire sérieuse de la cour. »

C'est vers la même époque que Lulli composa la musique d'un hymne de bienvenue qu'on chantait à Mme de Maintenon quand elle entrait dans la maison. Cette musique n'est pas perdue pour tout le monde; les Anglais en ont fait leur chant national, le *God save the Queen*.

Deux ans plus tard, *Athalie* eut une moindre fortune. Un revirement s'était produit; on accusait Mme de Maintenon, sinon de pervertir, tout au moins de fausser le goût de ses élèves par ces exercices dramatiques; elle renonça à ce genre de divertissement. Néanmoins la pièce était sue, et les demoiselles de Saint-Cyr se transportèrent une ou deux fois à Versailles pour la jouer devant le roi, sans décors et sans costumes, dans une chambre du palais.

A partir de ce moment les exercices mondains disparurent et furent remplacés par de pieuses pratiques; les règlements devinrent sévères, toute frivolité fut interdite, toute parure étrangère à l'uniforme absolument défendue. Les dames professeurs durent prononcer des vœux irrévocables; l'école entra dans son ère d'austérité.

Quand, le 1er septembre 1715, Mme de Maintenon eut fermé les yeux à Louis XIV, elle se retira à Saint-Cyr, dans ses appartements de la cour Verte, et ne les quitta plus. C'est dans une de ces chambres, aujourd'hui occupée par le trésorier de l'école, qu'elle reçut, le 11 juin 1717, la visite du czar Pierre le Grand, dont Saint-Simon nous a conservé cette curieuse relation :

« Il fut de Versailles à Saint-Cyr, où il vit toute la maison et les demoiselles dans leurs classes. Il y fut reçu comme le roi ; il voulut voir aussi Mme de Maintenon, qui, dans l'apparence de cette curiosité, s'était mise au lit, ses rideaux fermés, hors un qui ne l'était qu'à demi.

« Le czar entra dans sa chambre, alla ouvrir les rideaux des fenêtres en arrivant, puis tout de suite ceux du lit, regarda bien Mme de Maintenon tout à son aise, ne lui dit pas un mot, ni elle à lui, et, sans lui faire aucune sorte de révérence, s'en alla. Je sais qu'elle en avait été fort étonnée, et encore plus mortifiée ; mais le feu roi n'était plus. »

Une femme, n'eût-elle point été presque reine de France, pouvait être étonnée et mortifiée pour moins que cela.

Mme de Maintenon mourut dans cette même chambre, le 15 avril 1719; son corps fut inhumé dans la chapelle, et M. de Noailles lui fit élever un tombeau qu'on détruisit en 1793. A cette même époque, l'institution fut supprimée. Les bâtiments reçurent des invalides, plus tard des troupes, et enfin, en 1806, Napoléon y transféra l'École militaire qu'il avait d'abord établie à Fontainebleau.

L'organisation de l'École militaire est, à fort peu de chose près, ce qu'elle était originairement. Les élèves, admis au concours, y font deux années d'études; ils sont exercés aux manœuvres de l'artillerie, à l'équitation, au tir des armes à feu, et enfin initiés à toute la partie théorique de l'art militaire. Ils sortent de Saint-Cyr avec le grade de sous-lieutenant et sont, selon leurs capacités ou leurs aptitudes, répartis dans les différents corps d'armée. La plupart des généraux qui se sont illustrés en ce siècle sont d'anciens saint-cyriens.

La construction simple et sévère de Mansart s'est moins modifiée que son changement d'emploi ne pourrait le faire supposer.

S'il n'a point prodigué là les ornements et les sculptures, il a su donner à ses bâtiments cet air d'opulence et de grandeur qui semble être le cachet de toutes ses œuvres.

L'édifice se compose de trois grands corps de logis principaux; les cours sont nombreuses et spacieuses; l'une d'elles, la cour Rivoli, est décorée d'une statue de Marceau; une autre, de la statue de Kléber. Mais les bassins qui les ornaient ont été comblés, les quinconces à l'ombre desquels erraient en devisant les *brebis de Mme de Maintenon* ont disparu pour la plupart, le vaste et beau jardin est maintenant un champ-de-Mars; les armes royales n'ornent plus les frontons triangulaires; seul, un aigle déploie ses ailes au-dessus de la porte qui donne accès à l'avenue Maintenon.

La chapelle a conservé son grand caractère. C'est une longue galerie haute et claire, ornée d'une tribune à l'avant, décorée de statues de saints placées entre des fenêtres carrées voilées de rideaux rouges, et de plusieurs bons tableaux signés Restout, Vien, Lagrénée, Van Loo, etc. Mme de Maintenon avait été enterrée au milieu de l'église, au point de rencontre de la nef et du chœur. Ses ossements, retrouvés et recueillis en 1835, sont enfermés maintenant dans un coffre, derrière un cénotaphe de marbre noir surmonté d'une croix et portant cette simple inscription :

CI-GIT MADAME DE MAINTENON.
1635-1719.

Deux choses sont particulièrement célèbres à Saint-Cyr : les *brimades* et le *triomphe*. Les brimades, plaisanteries d'un goût douteux, sont des taquineries cruelles parfois, innocentes pour la plupart du temps, que les anciens font subir aux *melons* (élèves de première année) ; elles sont en usage à peu près dans tous les endroits où la jeunesse est assemblée, à l'École des beaux-arts, à l'École normale, à l'École polytechnique, dans les lycées, partout enfin où la foule a besoin d'un souffre-douleur. Ici, infligées à de jeunes hommes destinés à porter l'épée, elles ont quelquefois de graves conséquences, et plus d'un officier qui pouvait servir utilement la patrie est mort des suites d'un duel qu'elles avaient occasionné.

Les règlements, nous le savons, défendent les brimades ; mais que peuvent des règlements contre une coutume ?

Plus intéressant et véritablement digne d'une école militaire est le triomphe. Il a lieu chaque année au mois d'août, à la suite d'un concours de tir, auquel ne participent que les élèves de la première année et où il s'agit — la chose n'est point facile — de défoncer un petit tonneau placé à grande distance, en logeant un boulet de canon dans la partie plane qu'il présente aux regards du tireur. Pour accomplir ce tour de force, il faut une justesse de coup d'œil étonnante, jointe à une grande habileté dans le maniement de la pièce.

Le triomphe est un jour de fête pour l'École, un jour de

LE TRIOMPHE A SAINT-CYR.

DESSIN DE A. TOUCHEMOLIN.

joie pour tout le pays, et plus d'un citadin n'hésite pas à faire le voyage de Saint-Cyr pour assister au défilé du cortège. Le chemin que le triomphateur doit parcourir à cheval, son tonneau défoncé sous le bras, son victorieux boulet à la main, précédé de ses chefs l'épée nue en main, entouré de ses camarades l'arme au bras, est, dès le matin, décoré d'arcs en feuillage du plus pittoresque effet. A chaque détour de rue, à chaque carrefour, la marche de la colonne est arrêtée par la foule, toujours grossissante, qui se précipite au-devant d'elle; les acclamations, les bravos éclatent de toute part, les hommes se découvrent, les femmes agitent leur mouchoir et jettent des bouquets au héros du jour; les cuivres sonnent gravement une marche militaire.

Le soir, un grand banquet et une représentation théâtrale ont lieu à l'École; quant aux cabarets du village, ils font de bonnes affaires.

Dans un de nos livres, nous avons incidemment parlé des merveilleux manuscrits que les moines exécutaient aux siècles passés. Nous ne songions certes pas alors qu'en visitant Saint-Cyr il nous serait donné de rencontrer un érudit, un calligraphe, un enlumineur, dont la science, l'écriture, le goût artistique, reporteraient notre pensée vers les temps anciens. Ce bénédictin du dix-huitième siècle n'est autre que M. l'abbé Lanusse, aumônier de l'École et parent du général qui fut mortellement blessé à la bataille d'Aboukir.

Travailleur infatigable, penseur à ses heures, poète parfois, historien s'il lui plaît, l'aumônier de Saint-Cyr a longtemps suivi nos armées; partout, il a pensé, rêvé, écrit. Puis en prenant possession de son poste actuel, il a songé à mettre au net les innombrables notes qu'il avait amassées.

De ce travail, non achevé encore, il est sorti déjà environ deux cent quatre-vingts manuscrits grand in-quarto, habillés de maroquin rouge et portant divers titres : *Pensées, Poésies, Ouvrages de piété, Campagne de Crimée, Guerre du Mexique*, etc. Parmi les épisodes que l'auteur s'est plu à recueillir, nous en citerons quelques-uns qui, racontés par un témoin oculaire, sont du plus grand intérêt ; tels : la

charge de Floing, le calvaire d'Illy, la bataille de Coul-
miers, etc.

Ouvrez un de ces manuscrits, et vous serez émerveillé
moins certainement de la beauté et de la netteté de l'écriture que de l'infinie variété des miniatures qui accompa-
gnent des titres de chapitre, forment culs-de-lampe ou
courent sur les marges du texte. Fleurs, oiseaux, ornements,
personnages, paysages, tout cela se renouvelle, ingénieux
de composition, séduisant de couleur, inspiré partout par
le même sentiment artistique, mais toujours dissemblable.
La féconde imagination de l'auteur sait, à chaque page, trouver un sujet nouveau, une disposition non employée encore,
un mélange de colorations imprévu, toujours original, toujours harmonieux; les verts, les bleus, les rouges, les ors,
s'épanouissent sous vos yeux, vifs et éclatants ici, ailleurs
d'une douceur nuageuse, dégageant un charme infini.

Cette curieuse collection, que les historiens futurs pourront consulter avec fruit, appartiendra un jour, nous sommes
heureux de le dire, à la Bibliothèque nationale; l'auteur la
lui a léguée. Nous souhaitons qu'elle en orne les rayons le
plus tard possible.

Sur l'emplacement de cette abbaye de Notre-Dame des
Anges, dont nous avons parlé plus haut, est établi depuis
1880 l'Asile départemental de l'enfance; l'honneur de la
fondation revient au conseil général de Seine-et-Oise. L'asile
reçoit gratuitement ou contre payement d'une petite pension,
selon les circonstances, des garçons de six à dix-huit ans,
infirmes, aveugles, sourds-muets, idiots, déments inoffensifs ou moralement abandonnés.

L'église de Saint-Cyr n'est qu'une pauvre masure trem-
blant sur les étais qui la soutiennent; elle sera prochainement remplacée par un édifice dont M. Leroy, architecte à
Versailles, a dressé les plans.

Dans la mairie, maison très simple, nous ne trouvons rien
à signaler, si ce n'est trois tableaux de Fontaine qui ornent
la salle du conseil.

Fontenay-le-Fleury, Rennemoulin, Villepreux, les Clayes, Plaisir.

En quittant Saint-Cyr, nous nous trouvons en pleine campagne. Le val de Gally, fertile, cultivé, semé de bouquets de bois et de petits hameaux, qu'un vieux clocher domine, s'étend jusqu'aux confins de la forêt de Marly. Si nous côtoyons la lisière du parc de Versailles, nous rencontrons, condamnée et rongée par la rouille, une grille en fer, qui, lorsqu'elle s'ouvrait, permettait d'atteindre en quelques minutes le carrefour de l'Étoile royale. C'est par cette porte que Mme de Maintenon passait quand, de deux jours l'un, elle se rendait de Versailles à sa chère maison de Saint-Cyr. La ferme de Gally, toute voisine, traversée par le ru qui alimente le grand canal, est une construction simple, mais élégante, et portant bien le cachet du dix-septième siècle.

Un de ces hameaux dont nous parlions tout à l'heure semble l'avant-poste du village de Fontenay-le-Fleury, dont il dépend. Quant au pays, il groupe un peu plus loin, autour de sa vieille église, de belles fermes, des constructions rustiques et quelques coquettes villas. La commune a son importance, surtout si on la compare à son modeste voisin, Rennemoulin, qui, lui, dominé par la cheminée d'une grande minoterie, étage ses constructions vieillottes sur la pente d'un coteau verdoyant. Rennemoulin a 74 habitants; c'est un pays de laborieux cultivateurs; on n'y connaît probablement pas l'envie, et toutes les ambitions y doivent être satisfaites. Le meunier, gros bonnet du lieu, est maire; les électeurs, pour la plupart, sont ou ont été conseillers municipaux!

La commune avait une église autrefois; elle est transformée en grange maintenant. Les habitants vont aux offices à Fontenay ou à Villepreux.

Ce dernier village a le même caractère essentiellement agricole, que ceux que nous venons de traverser; mais il est fier, à juste titre, d'une institution philanthropique qu'il abrite : l'École des pupilles de la Seine.

L'École des pupilles de la Seine est située au centre du pays, sur un vaste emplacement, dont aucune partie ne demeure inutilisée. Bâtiments, jardins, serres, ateliers, vous pourrez parcourir tout cela tour à tour.

Certes, nous ne nous trouvons pas ici en présence de constructions luxueuses comme nous en avons vues à l'orphelinat de Saint-Philippe. A Villepreux, on n'a fait que l'utile, mais on l'a fait avec goût.

L'École, absolument gratuite, a été fondée, en 1882, par le conseil général de la Seine; le département subvient à ses frais, concurremment avec la ville de Paris; les versements de quelques généreux donateurs allègent les charges de l'œuvre. Elle est intelligemment dirigée par M. Guillaume, ancien élève de l'École de Grignon.

Les enfants reçus ici sont divisés en deux groupes : les moralement abandonnés et les assistés; tous doivent avoir atteint l'âge de treize ans et être nés dans le département de la Seine. Ils restent à l'École jusqu'à leur dix-septième ou dix-huitième année; placés alors, ils demeurent quand même sous la surveillance de la maison, et son appui moral leur reste assuré.

L'École a pour but spécial de préparer des horticulteurs, non seulement habiles praticiens, mais encore possédant toute la science utile à un agriculteur.

Visitez la bibliothèque, collection de livres spéciaux, choisis avec soin et que les élèves peuvent consulter; visitez le petit musée où toutes les graines enfermées dans des bocaux sont rangées dans un bel ordre, où, sous des vitrines, vous verrez tous les fruits représentés en plâtre peint avec une étonnante exactitude; passez dans les serres chaudes ou froides où verdissent toutes les plantes, où s'épanouissent toutes les fleurs; entrez dans les ateliers de menuiserie ou de serrurerie; et, quand vous aurez vu tout cela, vous ne serez pas surpris d'apprendre que les horticulteurs viennent chercher ici des contremaîtres expérimentés, et que l'École fournit des jardiniers à la plupart des belles propriétés du département.

Nous avons dit que l'École des pupilles ne rappelait pas l'orphelinat de Saint-Philippe ; nous pouvons ajouter, en la quittant, que les fondateurs du refuge de Plessis-Piquet semblent, et on ne peut que les en féliciter, s'être inspirés des pensées qui ont présidé à l'organisation de la maison de Villepreux et assuré sa prospérité (1).

L'église Saint-Germain n'a de remarquable que son chœur du douzième siècle ; sa situation, vraiment pittoresque, au milieu de constructions à l'aspect monacal, lui donne une vague ressemblance avec les églises des anciens couvents.

Dans le haut du pays, nous rencontrons une institution encore. Celle-ci est due à l'initiative privée et porte le nom d'*Ecole rurale Crozatier* ; c'est une des nombreuses œuvres de bienfaisance que le testament du grand fondeur a permis d'établir. C'est plus un asile qu'une école. On y accueille de jeunes enfants, qui reçoivent une instruction primaire. L'École Crozatier est dirigée par M. Bonjean et compte une vingtaine d'élèves.

La plaine aux luxuriantes cultures s'étend encore entre Villepreux et le village des Clayes ; en la traversant, nous apercevons à gauche, sur la lisière du bois d'Arcy, qui la borde, une petite tache blanche. C'est la chapelle de Saint-Jouan, qui, depuis le quinzième siècle, est chaque année, le lundi de la Pentecôte, le but d'un pèlerinage auquel ne manque aucun habitant des environs. Ajoutons que ce jour-là est, à Bois-d'Arcy, celui d'une fête très réputée et que, si la matinée est consacrée aux pratiques dévotieuses, l'après-midi appartient à toutes les distractions que peuvent offrir les forains et que la journée s'achève par un bal champêtre d'où l'étiquette est bannie au profit de la cordialité.

Franchissez les enveloppes de verdure où s'enferment les Clayes, et vous trouverez encore un de ces villages

(1) Nous avons parlé de l'orphelinat de Saint-Philippe et du refuge de Plessis-Piquet dans notre livre : *Tout autour de Paris*, p. 288 et 291.

13

qu'on croit ne pouvoir traverser qu'en de lointaines con-
trées. Aux Clayes, tout est ferme ou chaumière, les poules
gloussent dans la rue, les vieilles femmes tricotent sur le
pas des portes, les hommes sont aux champs ; n'y cherchez
ni magasins ni boutiques, le commerce est là chose incon-
nue, l'agriculture occupe tous les bras. L'église, entourée
du cimetière, est au milieu du pays ; la mairie n'est qu'une
bicoque sans étage dont un drapeau en fer-blanc surmonte
le toit.

Plaisir a le même aspect que les Clayes, mais on peut y
voir, entouré d'un grand parc, un château Louis XIII, dont
le temps n'a pas altéré le beau caractère. Passant rapidement devant son église, dont quelques parties datent du
treizième siècle, mais dont l'ensemble a subi des modifications successives, nous trouverons au bout de la commune
un lieu appelé Petits-Prés.

Sur la verdeur de l'espace, travaillant à la terre, se déta-
chent ici quelques hommes invariablement vêtus de blouses
et de pantalons blancs. Ce sont les pensionnaires de l'Asile
départemental dont nous apercevons sur notre droite les
bâtiments simples, assez nombreux, couverts en tuiles
rouges, et séparés les uns des autres par de jolis jardins.

Cet asile, fondé en 1862 par le comte de Saint-Marceaux,
reçoit des vieillards, des idiots, des jeunes filles assistées et
des aliénés inoffensifs venant de Clermont. C'est aussi un
dépôt de mendicité pour le département de Seine-et-Oise ;
les hommes et les femmes y sont admis et employés aux
travaux des champs ; leur labeur est rétribué et l'administration ne les libère que lorsqu'ils sont parvenus à amasser
une somme suffisante pour satisfaire à leurs besoins immé-
diats. Le jour où nous l'avons visité, l'asile abritait trois
cent trente-cinq individus, dont vingt-cinq seulement soumis au régime de la détention.

Aux environs des Petits-Prés, en faisant des fouilles, il y
a quelques années, on a trouvé un certain nombre de ha-
chettes gauloises ; elles ont été déposées à la préfecture de
Versailles.

Thiverval, Grignon.

Un chemin assez court, eu égard à celui que nous avons parcouru déjà, nous sépare de la commune de Thiverval dont dépend le hameau de Grignon. La commune n'a de remarquable que son église, au clocher octogonal datant du treizième siècle et classée parmi les monuments historiques. Le hameau, longtemps inconnu, est célèbre aujourd'hui, grâce à l'École nationale d'agriculture qui porte son nom.

Dès 1789, l'Assemblée constituante eut la pensée de créer des chaires d'agriculture, mais le décret qu'elle rendit à cet effet demeura lettre morte, et c'est, en réalité, le dix-neuvième siècle qui peut revendiquer l'honneur d'avoir fondé ces écoles dont la réputation est universelle maintenant.

La première institution de ce genre fut établie, en 1818, à Roville (Meurthe-et-Moselle), par Mathieu de Dombasle. En 1827, une société agronomique, inspirée par Polonceau et patronnée par Charles X, ouvrit la seconde à Grignon et la plaça sous la direction d'Auguste Bella.

L'École et la ferme occupent le fond et les deux versants d'un vallon ainsi que le plateau qui le couronne, l'étendue du domaine est d'environ 467 hectares, dont 250 hectares entourés de murs, forment un parc magnifique où l'on rencontre alternativement des plaines cultivées, des taillis, des bois, des parterres, une petite pièce d'eau, un certain nombre de fort beaux arbres parmi lesquels on remarque un genévrier de Virginie âgé, disent les professeurs de sylviculture, d'au moins cent vingt années, et aussi un gisement de coquilles fossiles qui passe à juste titre pour une des curiosités géologiques du département. Quelques guides et même d'autres ouvrages plus sérieux récemment parus vous parleront d'un étang de 7 hectares de superficie. Ne le cherchez plus dans le parc, il est desséché depuis 1875.

Cette immense propriété appartint originairement à la famille de Brassac, dont un des membres fut, au seizième siècle, ambassadeur à Rome et gouverneur de Nancy. En des temps plus modernes, elle passa dans la famille du maréchal Ney, puis dans celle du maréchal Bessières.

Le château, bâti en pierre et en brique, couvert d'un haut toit d'ardoise, récemment restauré et gai d'aspect, s'élève en face d'un joli pavillon moderne habité par le directeur de l'école. Avant d'en franchir le seuil, nous nous arrêterons devant le modeste mais gracieux monument élevé à la mémoire d'Auguste Bella. Son buste en bronze, œuvre de Dantan aîné, est placé sur un piédestal dans l'évidement d'une niche aux parois couvertes de plaques de marbre dont les inscriptions rappellent divers préceptes et paroles du professeur : *Ne me séparez jamais de Polonceau*, etc. Au-dessous du buste, on lit cette simple inscription : *l'Agriculture reconnaissante, 1871*.

En entrant dans le château, on se trouve dans un vaste vestibule rectangulaire donnant accès à un bel escalier d'honneur à large rampe de pierre. Si nous y séjournons quelques instants, nous pourrons voir les vitrines d'un petit musée minéralogique et d'instruments aratoires. Aux murs, des inscriptions gravées sur des plaques de marbre nous rappelleront les noms des anciens élèves de l'École décorés de la Légion d'honneur ou primés dans les concours régionaux ; fixés sur des colonnes, deux médaillons en bronze reproduisent les traits de Bella fils et de Dutertre, anciens directeurs de l'institution.

Si nous passons rapidement par la salle à manger aux murs décorés d'estampes coloriées représentant les divers procédés de fabrication du beurre et des fromages, nous nous arrêterons plus longtemps dans la salle du dessin devant des armoires vitrées renfermant une très curieuse et très complète collection de dynamomètres et d'instruments destinés à l'évaluation des forces.

Au premier étage sont les appartements qu'occupa plusieurs fois Napoléon Ier quand il vint chasser à Grignon. On retrouve encore dans les frises, sur le fond gris des boiseries, les blanches et mythologiques sculptures du temps, dans les voussures sont visibles aussi les armes et le monogramme

UN ATTELAGE DE BŒUFS A LA FERME DE GRIGNON.

DESSIN DE A. DEROY.

du maréchal Bessières, mais le salon et les chambres sont convertis en dortoirs, la salle à manger, décorée d'un beau buste d'Olivier de Serres, sculptée par Émile Hébert, est devenue l'amphithéâtre des cours de chimie. D'autres pièces abritent une bibliothèque de douze mille volumes, des classes, un réfectoire, une galerie de botanique agricole où sont exposées des collections de plantes textiles, fourragères et potagères, des céréales, des graines, des semis, le tout savamment classé et pourtant distribué de telle sorte que la monotonie est évitée et que l'ensemble demeure séduisant à l'œil.

Dans le parc, on peut voir tour à tour la vacherie, la bergerie, la porcherie, un abattoir, une grange avec sa batteuse, l'enclos au fumier et sa pompe à purin, et enfin une sorte de galerie des machines où l'on a réuni depuis les engins les plus communs jusqu'aux outils les plus compliqués, tout ce qu'on emploie dans une exploitation agricole, tout ce que la mécanique a inventé pour venir en aide aux bras de l'agriculteur.

Si nous visitons les étables, nous serons surpris de la beauté des races d'animaux qu'on y élève. Ici ce sont des *mérinos* ou des *south-downs* superbes sous leur épaisse toison laineuse ; là, des vaches laitières, brunes, blanches, noires ou rousses, au pelage luisant, aux larges reins, aux pis gonflés ; plus loin, des porcs magnifiques qu'une nourriture appropriée, régulièrement distribuée, scrupuleusement dosée, amène au maximum de l'embonpoint graisseux.

Bien que la laine pour les moutons, le lait pour les vaches, la graisse pour les porcs, soient les principaux objectifs de l'élevage, la reproduction préoccupe aussi beaucoup à Grignon. Dans l'étable, on vous montrera de superbes taureaux ; dans la bergerie, vous verrez des béliers qui, aux ventes annuelles que fait la maison, atteignent facilement le prix de 500 ou 600 francs par tête.

Quand vous aurez passé par les écuries et vu les beaux bœufs qui s'en vont par six aux travaux des champs, vous vous arrêterez, peut-être intrigué, devant une sorte de pâtis entouré d'une mince palissade, où broutent quelques moutons que vous reconnaîtrez aussitôt pour appartenir à une race exceptionnelle. Si vous posez une question à leur propos, on vous répondra que ces jolis animaux, dont la toison lustrée, abondante, élastique, peut servir à la confection de fort belles étoffes et dont la chair est excellente, sont des métis obtenus par le croisement du bouc et de la brebis; qu'on les appelle *chabins*, et que, contrairement aux autres métis, ils sont susceptibles de reproduction.

Nous avons visité l'École, disons quelques mots de son organisation. Français ou étrangers, mais tous reçus après examen et à l'âge de dix-sept ans, les élèves internes de l'École de Grignon sont au nombre de cent; quelques externes suivent aussi les cours auxquels on admet également des auditeurs libres. Vous le voyez, l'enseignement est ici établi sur les plus larges bases possibles. La durée des études est de deux années et demie ; pendant ce temps, les élèves sont tour à tour employés à la culture, au service de la ferme, aux soins de l'étable, et cela sans préjudice des nombreux cours qu'ils doivent suivre assidûment. Nulle part on ne travaille plus qu'à Grignon, ceci est un dicton connu, mais que justifie bien le programme des études. Outre l'agriculture proprement dite, on y étudie la chimie agricole, l'économie et la législation rurales, le génie rural, la physique, la météorologie, la technologie, la sylviculture et la viticulture, la botanique, la zoologie, la zootechnie, la minéralogie, la géologie, l'entomologie, et enfin l'hygiène, l'algèbre, le dessin, l'arpentage, la chimie et la comptabilité.

Ainsi préparés, obligés de rédiger fréquemment des rapports sur les travaux qu'ils accomplissent, encouragés par l'administration qui leur permet de tenter des expériences sur ses terrains quand ils ont conçu quelque projet nouveau, les élèves de Grignon sortent de l'École l'esprit nourri d'idées progressistes, théoriciens consommés, praticiens habiles.

L'Ecole de Grignon, placée sous l'autorité du ministre de l'agriculture, est actuellement dirigée par M. Philippar, qui suit les excellentes traditions de ses prédécesseurs et la maintient au rang exceptionnel qu'elle a conquis.

Trappes, Châteaufort, Jouy-en-Josas, Buc.

Franchissons le rideau de collines boisées qui nous cache le plateau de Trappes, et nous ne tarderons pas à arriver dans une vaste plaine, parsemée de petits bouquets de bois et égayée, au bout, par la tache blanche que forment les bâtiments d'une usine. Là est le vaste étang de Saint-Quentin; il reçoit les eaux pluviales que lui amènent des rigoles creusées au bas des pentes du terrain, et, concurremment avec les étangs de Bois-Robert, de Saint-Hubert, de la Tour et du Perray, il alimente à Versailles les réservoirs de la butte Montbauron, qui sont eux-mêmes en communication souterraine avec le château d'eau du parc.

L'étang de Saint-Quentin est un des plus remarquables de cette magnifique œuvre hydraulique; sa superficie est de 300 hectares; le limpide miroir de ses eaux reflète les feuillages des grands arbres qui le bordent d'un côté et les talus gazonnés au pied desquels il dort de l'autre. Au nord, il est dominé par le fort de Saint-Cyr.

Traversons la plaine, suivons d'étroits sentiers, passons sous de hauts peupliers, et nous nous trouverons bientôt à l'entrée du village de Trappes.

Plus industriel que les pays où nous nous sommes arrêté, Trappes, entouré de plaines fertiles, véritables champs d'or au temps de la moisson, groupe autour de sa vieille église sans portail quelques belles fermes, un certain nombre de pauvres maisons couvertes en chaume, une distillerie et une féculerie. Vous pourrez parcourir le pays sans y rien rencontrer de curieux, si ce n'est un vieux puits de construction assez originale; mais vous garderez certainement le souvenir des bœufs attelés à la mode nivernaise, que vous ne manquerez pas d'y voir.

Ces quatre superbes bêtes, assujetties par un système simple, ingénieux et sûr, fortes et dociles, traînant d'immenses charrettes, forment dans les rues du village un tableau du plus pittoresque effet.

De Trappes à Port-Royal, le chemin est assez long, mais n'est pas sans charmes. Quand on a quitté la plaine, on peut s'engager dans un bois et le traverser par l'avenue Changarnier, large et pleine de ravissantes éclaircies; ce sont des sentiers ombreux fuyant au loin, de verdoyantes clairières, des coupes au fond desquelles tournoient les fumées de quelques huttes de charbonniers, des déchirures soudaines qui laissent apercevoir la vallée.

C'est au fond de cette vallée, un véritable désert qu'on est surpris de rencontrer à 6 lieues de Paris, dans un silence que rien ne trouble, dans une solitude bien faite pour le recueillement et l'étude, que se groupaient autour de l'église à la fine flèche les nombreux bâtiments de la célèbre abbaye de Port-Royal des Champs.

De ces bâtiments il ne reste presque rien aujourd'hui, et ce que l'on peut voir ne saurait donner une idée complète de l'ensemble. Heureusement, les tableaux et les gravures du temps l'ont souvent reproduit. L'étang est comblé, les jardins sont transformés en terres cultivées, les cimetières sont détruits. Ici, vous dira-t-on, était le logement des *messieurs*; là, le cloître; cet emplacement était celui de la Solitude, retraite ombreuse où les religieuses se réunissaient pour filer en silence; sur cet autre s'élevait la maison de M. de Sainte-Marthe; cette fontaine, ombragée par un saule, est celle de la mère Angélique; ce vieux noyer vert et vigoureux, dont le tronc a 7 mètres de circonférence, a, dit-on, été planté par Pascal.

De toutes les constructions, il ne reste debout maintenant que le mur d'enceinte, une partie de l'une des onze tours carrées qu'on éleva au temps de la Fronde, le moulin servant de logis au gardien, le colombier, massive tour ronde surmontée d'un lanternon et qui fait partie d'une ferme voisine, des caves qu'on appelle *caves de Longueville*, et qui, en

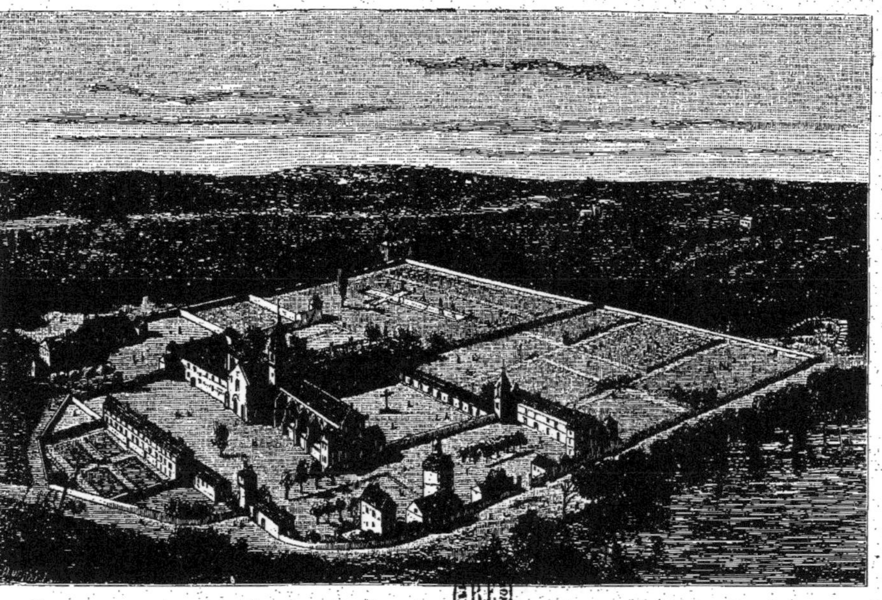

L'ABBAYE DE PORT-ROYAL DES CHAMPS EN 1665.

DESSIN DE F. HOFFBAUER.

réalité, se trouvaient sous la maison de Mlle des Vertus; enfin un mur et quelques amorces de colonnes indiquant l'endroit où se trouvait la chapelle.

En face et au-dessus du monastère, s'élevait la *Maison des Granges*, où, de 1648 à 1679, habitèrent MM. de Port-Royal dont nous parlerons tout à l'heure.

A la place que devait occuper le maître-autel, M. Silvy, au temps où il était propriétaire de Port-Royal, a fait élever un édicule renfermant une sorte de petit musée du monastère, dont certaines pièces sont assez intéressantes. Les portraits qu'on y voit rappellent tous des souvenirs chers à la maison ; ce sont ceux de Saint-Cyran, d'Arnauld, de Pascal, de la mère Angélique, de la sœur Suzanne, œuvre celui-ci de Philippe de Champaigne, et d'autres sœurs et mères. Quelques tableaux et gravures représentent la communauté à diverses époques, et donnent une idée de ses coutumes religieuses et charitables ; dans des cadres, sous verre, on conserve des lettres signées par les plus illustres jansénistes du temps.

Le jansénisme, un mot qui n'a plus de sens aujourd'hui que pour les théologiens, fut la cause apparente de la ruine de Port-Royal ; quant aux causes réelles elles seront expliquées plus loin.

Elle était vieille de quatre cents années en 1608, cette abbaye de Port-Royal, et n'avait jamais fait parler d'elle ; on savait qu'elle avait été fondée en 1204, par Mathilde de Garlande, fille de Mathieu de Montmorency; que saint Louis, les seigneurs de Montfort, de Léris et de Marly, lui avaient successivement prodigué leurs largesses ; on savait aussi que les douze religieuses qui l'habitaient avaient mis en oubli depuis longtemps les sévères règles de saint Benoît. A l'époque où nous nous transportons, l'abbesse de Port-Royal était une toute jeune fille, presque une enfant encore : Marie-Angélique Arnauld; elle fut un jour profondément émue par le sermon d'un capucin représentant le bonheur de la vie religieuse, et de mondaine qu'elle était devint austère. La vie changea alors du tout au tout dans la communauté.

Les moines qui dirigeaient la conscience des sœurs furent renvoyés et remplacés par des confesseurs aussi recommandables par leur érudition que par leur piété : Saint-Cyran, Singlin, le grand Arnauld. La communauté de biens, le jeûne, le silence, l'abstinence de viande, les veillées nocturnes, toutes les austérités de la règle de saint Benoît furent, en cinq ans, rétablies dans le couvent et fidèlement observées par les nonnes, dont le nombre en même temps s'accrut dans de grandes proportions. En 1613, elles étaient cent.

Cette réforme, si radicale et si promptement accomplie, attira l'attention sur l'abbaye et sur l'abbesse, et toutes deux devinrent célèbres. Angélique Arnauld fut appelée à Maubuisson, couvent alors mal gouverné par Mme d'Estrées, sœur de la belle Gabrielle, et y rétablit l'ordre et la discipline.

Avec la réputation, la fortune était venue ; la communauté se transporta à Paris, rue de la Bourbe, dans les bâtiments qu'occupe aujourd'hui l'hôpital de la Maternité. Mais le nombre des religieuses augmentant toujours, une partie des sœurs ne tardèrent pas à retourner à la maison des Champs.

La solitude imposante du lieu, le calme qui s'en dégage, la paix profonde qui y règne, avaient exercé leur attirance sur un certain nombre de grands esprits du temps, et pendant l'absence des religieuses un groupe s'était formé, qui, là, travaillait constamment de l'esprit et des mains, et trouvait encore du temps pour se consacrer à l'éducation de la jeunesse. Parmi ces solitaires qu'on appelait *MM. de Port-Royal*, il faut citer les trois frères Lemaistre, l'un avocat, l'autre officier, le dernier bien connu par ses traductions de Térence et de la Bible ; Lancelot, l'auteur du *Jardin des racines grecques*, le propagateur de diverses méthodes d'enseignement qui furent une véritable révolution pédagogique ; Nicole, dont les *Essais de morale* paraissaient à Mme de Sévigné aussi beaux que ceux de Montaigne. Là s'étaient réfugiés encore Domat, le plus grand jurisconsulte du dix-septième siècle, l'auteur du célèbre ouvrage : *les Lois civiles dans leur ordre naturel,* Antoine Arnauld, Arnauld d'Andilly et enfin, dominant cette pléiade de toute la hauteur de son génie, Blaise Pascal, « l'inventeur de la brouette », ne manquera pas de vous dire le gardien, l'auteur des *Provinciales,* répondrez-vous sans doute (1).

Nous l'avons dit, ces savants ne restaient jamais inoccupés ; dans leurs heures de loisir, ils jardinaient, cultivaient, maçonnaient, fabriquaient des sabots pour les pauvres. Quant à leurs élèves, il suffit d'en citer quelques-uns pour faire apprécier la valeur des maîtres. A leur école sont allés Jean Racine, l'historien Le Nain de Tillemont, Bignon, le *Varron français,* les de Bagnols, les de Harlay, etc.

Les religieuses, de leur côté, se dévouaient à l'éducation des filles ; leurs succès allaient toujours grandissant. Sans rien oublier des sévérités de leur ordre, elles pratiquaient la charité et l'hospitalité et jouissaient de l'estime et de la vénération générales.

La communauté avait su conquérir des amitiés précieuses et en même temps de puissants protecteurs. Jouir de la compagnie des solitaires, s'associer aux bonnes œuvres des religieuses, faire retraite en cette accueillante maison, étaient alors toutes choses fort prisées par le grand monde. La communauté a religieusement gardé, tant qu'elle a vécu, le souvenir de quelques hôtes illustres : le duc de Luynes, la duchesse de Longueville, le duc et la duchesse de Liancourt, la marquise de Guéménée, le duc de Roannes, Mlle des Vertus ont, les uns habité, les autres logé, à plusieurs reprises, dans le monastère.

C'est alors que commencèrent les persécutions sous lesquelles la maison devait succomber ; c'est alors que naquit cette fameuse querelle des molinistes et des jansé-

(1) C'est par une erreur assez commune qu'on attribue à Pascal l'invention de la brouette. Celle-ci est d'origine ancienne ; on l'employait certainement au moyen âge. Ce que Pascal a sinon inventé, mais du moins perfectionné, c'est la *vinaigrette,* sorte de chaise roulante traînée à bras d'homme et dont il adoucit les cahots par un système de suspension.

nistes, les jésuites tenant pour les premiers, Port-Royal pour les seconds.

La discussion théologique n'était, nous l'avons fait pressentir plus haut, que le prétexte de la querelle que les jésuites firent naître dès 1643, et qu'ils s'appliquèrent à envenimer sans relâche jusqu'en 1709. La véritable cause de leur haine contre Port-Royal était son succès et la crainte qu'ils éprouvaient que l'éducation de la jeunesse, éducation dont ils prétendaient avoir et conserver le monopole, ne leur fût enlevée par l'institution rivale.

Dès 1656, les petites écoles furent fermées ; en 1661, on chassa les pensionnaires et les novices, les solitaires et les confesseurs furent enfermés à la Bastille ou réduits à fuir. Seize religieuses furent exilées ; les autres furent tenues à Port-Royal-des-Champs en véritable captivité. Les choses restèrent en l'état jusqu'en 1669. A ce moment, une accalmie parut se produire ; le pape Clément IX, pontife éclairé, rendit pour quelque temps là paix à l'Église de France. Les jésuites promirent de vivre en bonne intelligence avec leurs adversaires ; mais les vieilles rancunes n'étaient point éteintes et la puissante compagnie n'attendait qu'une occasion pour entrer de nouveau en guerre.

En 1679 mourut Mme de Longueville, qui avait toujours aimé et puissamment protégé Port-Royal. Les hostilités recommencèrent alors contre le couvent et il ne connut plus ni paix, ni repos. Par les confesseurs, par Mme de Maintenon, par d'incessantes obsessions, invoquant l'intérêt du ciel, frappant de peur Louis XIV vieux et dévôt, multipliant les démarches auprès du pape, on obtint enfin, en 1709, une bulle qui supprimait Port-Royal.

Dans la nuit du 28 au 29 octobre de cette année, l'abbaye fut envahie par trois cents mousquetaires, commandés par le lieutenant de police d'Argenson ; on expulsa brutalement les religieuses et on les dirigea vers d'autres communautés.

Les bâtiments restèrent inoccupés pendant deux années ; les jésuites, désireux d'y fonder un séminaire, mirent alors tout en œuvre pour qu'on les leur abandonnât. Redoutant une dangereuse concurrence, les sulpiciens s'efforcèrent de faire échouer les efforts de leurs rivaux, et ils y parvinrent. Le monastère fut alors livré, non à la démolition, mais au pillage. Le 9 décembre 1711, le champ de repos fut profané, les tombes démolies, les ossements jetés pêle-mêle à la fosse commune du cimetière de Saint-Lambert. On voulait qu'il ne restât rien de cette maison, considérée comme le foyer du jansénisme; vous venez de voir que ce résultat fut obtenu (1).

Pour terminer cette excursion, nous rejoindrons Versailles, sauf à y rentrer par l'est après l'avoir quitté par l'ouest; sur notre chemin, chemin des écoliers toujours un peu, nous rencontrerons bien des villages et des localités dont la visite offrirait peu d'intérêt, mais quelques endroits aussi que nous ne saurions traverser sans y séjourner un moment.

Voici d'abord Magny-les-Hameaux, dont l'église est presque entièrement pavée de pierres tombales provenant des cimetières de l'abbaye de Port-Royal. En général gravées au trait et d'une intéressante exécution, ces pierres rappellent les noms des bienfaiteurs et des habitants du monastère disparu. Le village est de peu d'importance, mais quelques belles propriétés l'entourent : Mérantois, la Butte-aux-Chênes, Romainville, etc.

Quel bourg domine pittoresquement cette sèche et aride colline ? C'est Châteaufort. Aujourd'hui habité par cinq ou six cents cultivateurs, autrefois seigneurie féodale puissante et siège du plus important doyenné du diocèse de Paris, Châteaufort fut fameux, grâce à la citadelle que les sei-

(1) Quelques tombes échappèrent pourtant à la profanation de 1711, ceux qui reposaient sous leurs pierres ayant encore des familles influentes. Les restes de Racine furent transportés à l'église Saint-Étienne du Mont de Paris; ceux des Arnauld, de la princesse de Conti, de la duchesse de Longueville, quelques autres encore reçurent asile dans l'église de Magny-les-Hameaux. Elles sont classées parmi les monuments historiques.

gneurs de Montlhéry y avaient fait construire ; deux puissantes tours qui dominaient encore la plaine il y a vingt ans, ont été rasées depuis.

Au bas de la côte, à l'ombre de bois parfumés, nous passons devant deux jolis châteaux : Ors et la Genesté, et nous nous trouvons bientôt auprès de l'étang de Saclay, beaucoup moins beau que l'étang de Saint-Quentin et dont les eaux, souterrainement conduites à l'aqueduc de Buc, contribuent à l'alimentation de Versailles.

Suivons quelque temps le cours sinueux de la Bièvre et nous arriverons à Jouy-en-Josas. C'est un gros et riant village, éparpillant aux bords de la rivière ses maisons d'horticulteurs et de vignerons et bon nombre de gaies villas, dominées par la flèche de l'église. C'est ici une localité fort ancienne. Au neuvième siècle, le village, considérable déjà, était la propriété de l'abbaye de Saint-Germain des Prés ; le connétable de Clisson le posséda sous Charles VI ; enfin, en 1654, Jouy devint le siège d'un comté dont Charles d'Escoubleau, marquis de Sourdis, fut le titulaire. Tout ceci ne constituait pas une grande illustration ; mais le pays eut son heure de célébrité quand, en 1760, Oberkampf y fonda une fabrique de toiles peintes, qui occupa jusqu'à douze cents ouvriers, et dont les produits, connus sous le nom de toile de Jouy, furent longtemps sans rivaux. La création d'Oberkampf prit, en 1787, le titre de *Manufacture royale*, et fit, pendant trente ans encore, la prospérité du pays. En 1815, les armées alliées envahirent la manufacture et pillèrent les ateliers. Oberkampf mourut de chagrin et le bourg retomba dans l'oubli.

Les invasions sont, au reste, fatales au petit pays ; en 1870, la plupart de ses jolies maisons de campagne, abandonnées par leurs propriétaires, ont été saccagées et pillées. « Les maisons désertes, disaient les officiers du XIe corps allemand, appartiennent au soldat. »

L'église de Jouy date du seizième siècle pour la plus grande partie, et vous verrez à l'intérieur de fort délicates sculptures de cette belle époque ; mais l'arc triomphal, devenu

banc d'œuvre, appartient au temps de Louis XIV. Le clocher
est plus ancien. Quant à la flèche, couverte en ardoises, elle
est de construction moderne.

Au nord de Jouy, dominant la vallée, les pieds enfouis
dans la verdure, ses dix-neuf arches se découpant sur le
fond du ciel, apparaît soudain à nos yeux, imposant et
grandiose, l'aqueduc de Buc. Tel que nous le voyons d'ici,

Intérieur de l'église de Jouy.

cherchant en vain sa base, il prend l'aspect d'une fantas-
tique construction aérienne. Il n'en est rien, et cette belle
œuvre est bien due à la main des hommes. Les soldats de
Louis XIV l'ont construit en 1686, pour conduire à Versailles
les eaux des étangs de Saint-Hubert, du Trou-Salé et de
Saclay; sa longueur est de 488 mètres, son arche la plus
élevée est haute de 22 mètres.

Quant au village qui donne son nom à l'aqueduc, il s'é-
tend sur les deux rives de la Bièvre, mais groupe sur la rive
droite son église et ses principales habitations. Si quelques-
unes de ces dernières sont encore d'assez rustique aspect,

d'autres représentent parfaitement le type de la maison de campagne rêvée par les citadins.

Au sud du village, sur le plateau, a été construit en 1877, le fort du Haut-Buc.

Bien que le pays soit, comme la plupart de ceux que nous venons de parcourir, essentiellement agricole, l'industrie y est représentée par une assez importante fabrique d'étoffes de crin.

TABLE DES MATIÈRES

QUATRIÈME EXCURSION.

AUTOUR DE VERSAILLES.

ERRATA ET ADDENDA

Page 104, ligne 4 : *au lieu de* rue Neuve, *lisez* boulevard du Roi.

Page 108, ligne 27 : *au lieu de* 1810, *lisez* 1680.

Page 111, ligne 19 : *après* Ceci s'appelle le marché Saint-Louis, *ajouter :* et aussi *les Quatre-Pavés.*

Page 112, ligne 20 : *à rétablir ainsi :* Outre sa précieuse bibliothèque contenant cent mille volumes.

Page 113, ligne 16, *ajouter :* Cette école est établie sur l'emplacement du potager du roi, que La Quintinie avait créé de 1678 à 1683.

Page 127, ligne 6 : *à la phrase existante substituer celle-ci :* Une toile de David qui en était la principale décoration a été transportée au Louvre ; elle représente l'empereur sacré par Pie VII et entouré d'une centaine de personnages du temps.

9 782019 960445